Sicherungsrechte im Internationalen Insolvenzrecht

Europäische Hochschulschriften
Publications Universitaires Européennes
European University Studies

Reihe II
Rechtswissenschaft

Série II Series II
Droit
Law

Bd./Vol. 3141

PETER LANG
Frankfurt am Main · Berlin · Bern · Bruxelles · New York · Oxford · Wien

Oliver Liersch

Sicherungsrechte im Internationalen Insolvenzrecht

Unter besonderer Berücksichtigung der Vereinbarkeit von Art. 5 und 7 der EG-Verordnung über Insolvenzverfahren (EuInsVO) mit dem deutschen Insolvenzrecht

PETER LANG
Europäischer Verlag der Wissenschaften

Die Deutsche Bibliothek - CIP-Einheitsaufnahme

Liersch, Oliver:

Sicherungsrechte im Internationalen Insolvenzrecht : unter besonderer Berücksichtigung der Vereinbarkeit von Art. 5 und 7 der EG-Verordnung über Insolvenzverfahren (EuInsVO) mit dem deutschen Insolvenzrecht / Oliver Liersch. - Frankfurt am Main ; Berlin ; Bern ; Bruxelles ; New York ; Oxford ; Wien : Lang, 2001
(Europäische Hochschulschriften : Reihe 2, Rechtswissenschaft ; Bd. 3141)
Zugl.: Hannover, Univ., Diss., 2000
ISBN 3-631-37761-4

D 89
ISSN 0531-7312
ISBN 3-631-37761-4

www.peterlang.de

Meinen Eltern

Vorwort

Die vorliegende Arbeit wurde im Dezember 2000 vom Fachbereich Rechtswissenschaften der Universität Hannover als Dissertation angenommen. Das Manuskript wurde im Mai 2000 abgeschlossen, Literatur konnte jedoch bis Ende des Jahres 2000 eingearbeitet werden.

Ich danke Herrn Prof. Dr. Peter von Wilmowsky für die Anregung zu dieser Arbeit und die hilfreiche wie kritische Begleitung als Doktorvater. Herrn Prof. Dr. Christian Wolf danke ich für die Erstellung des Zweitgutachtens.

Die Promotion wurde von der Friedrich-Naumann-Stiftung mit Mitteln des Bundesministeriums für Bildung und Forschung gefördert. Dafür bedanke ich mich sehr.

Ferner darf ich mich bei allen Freunden und Bekannten für die motivierende Unterstützung bedanken.

Hannover, Januar 2001

Oliver Liersch

Inhaltsübersicht

Inhaltsverzeichnis

Abkürzungsverzeichnis

A.	Auflage
a.A.	anderer Ansicht
Abs.	Absatz
A.C.	Law Reports, Appeal Cases
AG	Amtsgericht
Anh.	Anhang
Art.	Artikel
Artt.	Artikel (Pl.)
BB	Betriebsberater
BC	Bankruptcy Code
BGB	Bürgerliches Gesetzbuch
BGBl.	Bundesgesetzblatt
BGH	Bundesgerichtshof
BGHZ	Entscheidungen des Bundesgerichtshofs in Zivilsachen
BMJ	Bundesministerium der Justiz
BR	Bundesrat
B.R.	Bankruptcy Reporter
BT	Bundestag
Buchst.	Buchstabe
C.A.	Court of Appeal
Cass. civ.	Cour de Cassation
Ch.	Chapter
Ch.D.	Chancery Division
ders.	derselbe
dies.	dieselben
Diss.	Dissertation
DöKV	Deutsch-österreichischer Konkursvertrag
Drucks.	Drucksache
Dt.	deutsch
DZWiR	Deutsche Zeitschrift für Wirschaftsrecht
EC	European Community
ed.	edition
EEC	European Economic Community
EG	Europäische Gemeinschaft
EGBGB	Einführungsgesetz zum Bürgerlichen Gesetzbuch
EGInsO	Einführungsgesetz zur Insolvenzordnung

EGV	Vertrag zur Gründung der Europäischen Gemeinschaft
EP	Europäisches Parlament
E.R.	English Reports
EU	Europäische Union
EuGH	Europäischer Gerichtshof
EuGVÜ	Europäisches Gerichtsstands- und Vollstreckungsübereinkommen
EuInsÜ	Europäisches Insolvenzübereinkommen
EuInsVO	Europäische Insolvenzverordnung
EuR	Europarat
europ.	europäisch
EuZW	Europäische Zeitschrift für Wirtschaftsrecht
e.V.	eingetragener Verein
EWiR	Entscheidungen zum Wirtschaftsrecht
EWS	Europäisches Wirtschafts- und Steuerrecht
f.	folgende
FamRZ	Zeitschrift für das gesamte Familienrecht
FAZ	Frankfurter Allgemeine Zeitung
ff.	fortfolgende
Fn.	Fußnote
FS	Festschrift
GmbH	Gesellschaft mit beschränkter Haftung
GSG	Gesellschaftssanierungsgesetz (Japan)
H.L.	House of Lords
Hrsg.	Herausgeber
IA	Insolvency Act
IIR	International Insolvency Review
InsO	Insolvenzordnung
InsVV	Insolvenzrechtliche Vergütungsverordnung
InVo	Insolvenz und Vollstreckung
IPR	Internationales Privatrecht
IPRax	Praxis des Internationalen Privat- und Verfahrensrechts
IPRG	Bundesgesetz über das Internationale Privatrecht (Schweiz)
IPRspr.	Die deutsche Rechtsprechung auf dem Gebiete des internationalen Privatrechts
IstanbÜ	Istanbuler Übereinkommen über bestimmte internationale Aspekte des Konkurses
i.V.m.	in Verbindung mit

IWF	Internationaler Währungsfonds
JIBL	Journal of International Banking Law
JI-Rat	EU-Rat der Justiz- und Innenminister
JZ	Juristenzeitung
KG	Konkursgesetz (Japan)
KO	Konkursordnung
KTS	Konkurs-, Treuhand- und Schiedsgerichtswesen, Zeitschrift für Insolvenzrecht
Ltd	Limited
L.R.	Law Reports
Mass.	Massachusetts
MCC	Maxwell Communication
Minn.	Minnesota
m.w.N.	mit weiteren Nachweisen
NJW	Neue Juristische Wochenschrift
Nr.	Nummer
NZG	Neue Zeitschrift für Gesellschaftsrecht
NZI	Neue Zeitschrift für das Recht der Insolvenz und Sanierung
OLG	Oberlandesgericht
ÖstJZ	Österreichische Juristen-Zeitung
RabelsZ	Zeitschrift für ausländisches und internationales Privatrecht
RegE	Regierungsentwurf
Rev. crit. dr. internat. privé	Revue critique de droit international privé
RGZ	Entscheidungen des Reichsgerichts in Zivilsachen
RIW	Recht der Internationalen Wirtschaft
Rn.	Randnummer
Rpfleger	Rechtspfleger
S.	Seite
SchKG	Bundesgesetz über Schuldbetreibung und Konkurs (Schweiz)
sec.	section
SJZ	Schweizerische Juristen-Zeitung
SZW/RSDA	Schweizerische Zeitschrift für Wirtschaftsrecht / Revue suisse de droit des affaires
u.a.	unter anderem, und andere
UNCITRAL	Kommission der Vereinten Nationen für Internationales Handelsrecht
US	Vereinigte Staaten

USA	Vereinigte Staaten von Amerika
U.S.C.	United States Code
v.	versus
VE	Vorentwurf
Vgl.	vergleiche
Vol.	Volume
WM	Wertpapiermitteilungen
ZInsO	Zeitschrift für das gesamte Insolvenzrecht
ZIP	Zeitschrift für Wirtschaftsrecht
ZPO	Zivilprozessordnung
ZVG	Zwangsversteigerungsgesetz
ZZP	Zeitschrift für Zivilprozess
ZZPInt	Zeitschrift für Zivilprozess International

Teil I: Einleitung

§ 1 Einleitung

Regelungen des Internationalen Insolvenzrechts sollen sicherstellen, dass auch im grenzüberschreitenden Wirtschaftsverkehr die Haftungsverwirklichung von Gläubigern gegenüber einem insolventen Schuldner maximiert ist.

Die Behandlung von Sicherungsrechten im Internationalen Insolvenzrecht muss sich daran messen lassen, dass sie der Haftungsmaximierung aller Gläubiger nicht zuwiderläuft und gleichzeitig die Funktion des Sicherungsrechts, die Haftungsverwirklichung des einzelnen Gläubigers gegenüber anderen Gläubigern zu verbessern, auch in Fällen grenzüberschreitender Insolvenzverfahren zum Tragen bringt.

Der deutsche Gesetzgeber hat mit der Insolvenzordnung von 1999 Regelungen getroffen, die das deutsche nationale Insolvenzrecht betreffen. Von wenigen Normen im Einführungsgesetz zur Insolvenzordnung und vereinzelten bilateralen staatsvertraglichen Regelungen abgesehen, fehlt ein normiertes Internationales Insolvenzrecht sowohl als autonome deutsche Regelung als auch auf zwischenstaatlicher Ebene.

Mit der vorliegenden Arbeit sollen die Bemühungen des deutschen Gesetzgebers, ein normiertes Internationales Insolvenzrecht zu schaffen, kritisch begleitet und bewertet werden. Dazu werden aktuelle Vorschläge am Maßstab des deutschen nationalen Insolvenzrechts gemessen. Im Mittelpunkt der Auseinandersetzung steht die EG-Verordnung über Insolvenzverfahren, Verordnung des Rates (EG) Nr. 1346/2000 (EuInsVO), die auf der Grundlage des gescheiterten Europäischen Übereinkommens über Insolvenzverfahren (EuInsÜ) am 29.5.2000 beschlossen wurde und am 31.5.2002 in Kraft treten wird. Ferner werden alternativ andere Regelungen geprüft, ob sie geeignet sind, die Ziele des deutschen Gesetzgebers bei der Schaffung der Insolvenzordnung auch im Internationalen Insolvenzrecht zum Tragen zu bringen. (Teil III)

Im Anschluss sollen Lösungsvorschläge für drei Probleme bei der Behandlung von Sicherungsrechten im Internationalen Insolvenzrecht gemacht werden, die den Prinzipien des deutschen nationalen Insolvenzrechts gerecht werden und daher für den deutschen Gesetzgeber Maßstab seines Handelns auch bei der Normierung des Internationalen Insolvenzrechts sein müssten. Dabei handelt es sich um die Frage der Anknüpfung des Sicherungsrechts, die Zulässigkeit der

Eröffnung von Sekundärverfahren und schließlich um die Wirkungserstreckung des Verfahrens auf im Ausland belegene Sicherungsrechte am Beispiel der Einzelzwangsvollstreckung. (Teil IV)

Es schließen sich Überlegungen an, wie das Internationale Insolvenzrecht im deutschen und europäischen Recht normiert werden könnte, um den hier vertretenen Erfordernissen gerecht zu werden. (Teil V)

Teil II: Grundlagen

§ 2 Prüfungsmaßstab

Die vorliegende Arbeit beruht auf der Überlegung, dass das Internationale Insolvenzrecht die Aufgabe hat, die Regelungsziele des Insolvenzrechts in Insolvenzsachverhalten mit Auslandsbezug zu verwirklichen.[1]

Die sachrechtlichen Ziele des Insolvenzverfahrens sind im Kern international allgemein anerkannt, auch wenn jeder Staat unterschiedliche Akzente setzt.[2] Kommt jedoch ein Gesetzgeber zu dem Ergebnis, dass sein nationales Insolvenzrecht den Prinzipien folgt, die er für richtig betrachtet, so muss er bei der Abfassung seines Internationalen Insolvenzrechts erreichen, dass diese Prinzipien auch in grenzüberschreitenden Insolvenzverfahren zur Geltung kommen. Dies wird zunächst durch kollisionsrechtliche Regelungen geschehen, erfordert jedoch auch internationalsachrechtliche Überlegungen, da nur so spezifische Wertungen des nationalen Rechts auch grenzüberschreitend verwirklicht werden können.[3]

Vor der Übertragung der Prinzpien des deutschen nationalen Insolvenzrechts auf das deutsche Internationale Insolvenzrecht sollte jedoch die Prüfung stehen, ob sich diese Prinzipien des deutschen Rechts innerhalb des Kanons der international allgemein anerkannten Ziele des Insolvenzsachrechts bewegen. Dies wäre dann nicht der Fall, wenn im Gesetzgebungsverfahren interessenbedingt nicht insolvenzrechtlichen, sondern wirtschafts- oder sozialpolitischen Zielen gefolgt würde.

Wird dies ausgeschlossen, so hat der deutsche Gesetzgeber zu gewährleisten, dass das deutsche Internationale Insolvenzrecht den gleichen Prinzipien folgt, wie das deutsche nationale Insolvenzrecht. Auch für zwischenstaatliche Normierungen, wie Staatsverträge oder EU-Recht, kann nichts anderes gelten. Denkbar wäre, dass Probleme dann aufträten, wenn die Prinzipien des deutschen Insolvenzrechts im Widerspruch zu denen des Insolvenzrechts eines anderen Staates stehen. Dies kann jedoch nur dann schwerwiegend sein, wenn das Insolvenzrecht des anderen Staates nicht den genannten allgemeinen insolvenzrechtlichen Grundlagen entspräche. Doch gerade in diesen Fällen ist die Verpflichtung des deutschen Gesetzgebers umso größer, nur solchen

---

[1] So *Trunk*, Internationales Insolvenzrecht, 1998, S. 12.
[2] *Trunk* (oben Fn. 1), S. 13.
[3] *Trunk* (oben Fn. 1), S. 12 f.

zwischenstaatlichen Regelungen des Internationalen Insolvenzrechts zuzustimmen, die die Prinzipien des deutschen Insolvenzrechts in grenzüberschreitenden Insolvenzverfahren zur Geltung bringen, da es ansonsten durch Verweisung des Internationalen Insolvenzrechts auf das ausländische nationale Insolvenzsachrecht möglich wäre, dass Regelungen zum Tragen kommen, die nicht allgemeinen insolvenzrechtlichen Grundlagen entsprechen, was das deutsche Insolvenzrecht gerade verhindern möchte.

Nach der Prüfung des deutschen nationalen Insolvenzrechts, ob es tatsächlich nicht von wirtschafts- oder sozialpolitischen Einflüssen geprägt ist, werden die anschließend formulierten Prinzipien des deutschen nationalen Insolvenzrechts Prüfungsmaßstab für bestehende und zu entwickelnde Regelungen des Internationalen Insolvenzrechts sein.

§ 3 Prinzipien des deutschen Insolvenzrechts

Die allgemeine Begründung des Regierungsentwurfs zur Insolvenzordnung[4] beschreibt die Ziele der Reform und formuliert die Grundsätze, auf denen das deutsche nationale Insolvenzrecht aufgebaut ist. Diese Ziele des deutschen Gesetzgebers sollen im folgenden kurz dargestellt werden und mit den allgemeinen Zielsetzungen des Insolvenzrechts in der deutschen und ausländischen Rechtswissenschaft verglichen werden. Abschließend wird die Bedeutung des jeweiligen Zieles für das Internationale Insolvenzrecht betrachtet.

I. Neutralität

Es war Ziel des Gesetzgebers, dass sich das Insolvenzrecht ohne Bruch in die vorhandene Rechts- und Wirtschaftsordnung einfügen soll.[5] Das Insolvenzrecht soll nicht wertend in Wettbewerbsprozesse eingreifen, sondern im Interesse einer weitgehenden Gläubigerautonomie nur einen Rechtsrahmen setzen.[6]

Der Erfolg der Reform soll nicht daran gemessen werden, ob mehr Sanierungen als früher zustandekommen, sondern daran, ob marktwirtschaftlich sinnvolle Sanierungen ermöglicht und sinnwidrige Sanierungen verhindert werden. Ziel des Verfahrens soll die bestmögliche Verwertung des Schuldnervermögens sein. Die einzelwirtschaftliche Rentabilitätsrechnung der Beteiligten soll im gerichtlichen Verfahren denselben Rationalitätsgesichtspunkten folgen wie bei einer außergerichtlichen Investitionsentscheidung. Ein marktkonformes Verfahren muss sich deshalb an den Vermögensinteressen der Geldgeber des Schuldners ausrichten, so der Gesetzgeber. Es gibt wirtschaftspolitisch keine Gründe, die Sanierung des Schuldners generell vor der übertragenden Sanierung des Unternehmens zu bevorzugen oder auch nur irgendeine Art der Sanierung stets und überall der Zerschlagungsliquidation vorzuziehen. Das Verfahren soll ein neutraler Rechtsrahmen sein, in dem die Beteiligten die für sie vorteilhafteste Lösung entdecken und durchsetzen können, so die Regierungsbegründung.[7]

Es ist nicht gerechtfertigt, dass nicht privilegierte Gläubiger durch Vorrechte anderer Gläubiger benachteiligt werden, ferner ist dies auch ordnungspolitisch bedenklich. Die Verfahrenseröffnung führt dann im Verhältnis zur zivilrechtlichen Haftungslage ebenso wie zu den Verhältnissen bei der Singularvollstreckung zu einer Umwertung der Gläubigerrechte. Der Antrag auf

---

[4]RegE InsO BR-Drucks. 1/92, S. 71-108.
[5]RegE InsO BR-Drucks. 1/92, S. 77.
[6]Vgl. RegE InsO BR-Drucks. 1/92, S. 77 f.
[7]RegE InsO BR-Drucks. 1/92, S. 77 f..

Verfahrenseröffnung könnte von einzelnen Gläubigergruppen eingesetzt werden, um Vermögensvorteile zu erlangen.[8]

Dies soll nicht bedeuten, dass das Insolvenzrecht keine Eingriffe vornimmt. Die Koordinierung der Beteiligten durch das Insolvenzverfahren soll ihre Rechtfertigung darin finden, dass sich nur so Entscheidungsbedingungen für die günstigste Masseverwertung herstellen lassen. Würde man einzelnen Sicherungsgläubigern das Lösen von Schuldnervermögen aus dem Verbund ermöglichen, so könnte damit anderen Verfahrensbeteiligten Schaden zugefügt werden, ohne dass sie selbst einen entsprechenden Nutzen erzielen können. Zur Verteidigung der Neutralität soll daher ein ungehinderter Zugriff der Gläubiger auf Massegegenstände verhindert werden.[9] Die Masseverwertung soll also durch das Insolvenzrecht eingeschränkt werden.

Die herrschende Meinung in der deutschen Literatur bekennt sich ebenfalls zur Neutralität des Insolvenzrechts.[10] Auch hier steht die Marktkonformität als Grundprinzip im Mittelpunkt. Die deutsche Rechtswissenschaft greift dabei auf amerikanische Vorbilder[11] zurück, wo die Insolvenz als Common-Pool-Problem aufgefasst wird. Danach ist erzwungenes kollektives Handeln mit hoher Plausibilität wirtschaftlich effizienter als unstrukturiertes Verhandeln.[12] Insolvenzrecht hat danach (nur) die Aufgabe, eine Struktur kollektiven Handelns bereitzustellen und keine Reichtumsverschiebungen vorzunehmen.[13]

---

[8]RegE InsO BR-Drucks. 1/92, S. 81.

[9]Vgl. RegE InsO BR-Drucks. 1/92, S. 79.

[10]So Frankfurter Kommentar zur Insolvenzordnung-*Schmerbach*, 2. A., 1999, Vor §§ 1 ff. Rn. 20 ff.; Heidelberger Kommentar zur Insolvenzordnung-*Kirchhof*, 1999, § 1 Rn. 4 ff.; Kübler/Prütting-*Prütting*, InsO, Kommentar zur Insolvenzordnung, 2000, § 1 Rn. 13 ff.; Nerlich/Römermann-*Nerlich*, Insolvenzordnung (InsO), Kommentar, 2000, Einleitung Rn. 14 ff.; *Hess*, Kommentar zur Insolvenzordnung mit EGInsO, Band 1, 1999, Einleitung vor § 1 Rn. 234 ff.; *Haarmeyer/Wutzke/Förster*, Handbuch zur Insolvenzordnung, InsO/EGInsO, 2. A., 1998, S. 21 ff.; *Balz*, Die Ziele der Insolvenzordnung, in: Kölner Schrift zur Insolvenzordnung, 2. A., 2000, S. 3-22; *Braun/Uhlenbruck*, Unternehmensinsolvenz, 1997, S. 173 ff.; K. Schmidt/Uhlenbruck-*Wellensiek*, Die GmbH in Krise, Sanierung und Insolvenz, 2. A., 1999, S. 573. Vgl. auch *Uhlenbruck*, Kompetenzverteilung und Entscheidungsbefugnisse im neuen Insolvenzverfahren, WM 1999, 1197, 1203 f.

[11]*Jackson*, The Logic and Limits of Bankruptcy Law, 1986.

[12]*Balz* (oben Fn. 10), in: Kölner Schrift zur Insolvenzordnung, 2. A., 2000, S. 6; ebenso auch *Dorndorf*, Zur Dogmatik des Verfahrenszwecks in einem marktadäquaten Insolvenzrecht, in: Festschrift für Franz Merz, 1992, S. 31-47, S. 34 f.

[13]*Balz* (oben Fn. 10), in: Kölner Schrift zur Insolvenzordnung, 2. A., 2000, S. 9 f. Vgl. auch *Engelhard*, Politische Akzente einer Insolvenzrechtsreform, ZIP 1986, 1287; *Graf Lambsdorff*, Wirtschaftspolitische Aspekte einer Insolvenzrechtsreform, ZIP 1987, 809; *Dorndorf/Frank*, Reform des Rechts der Mobiliarsicherheiten - unter besonderer Berücksichtigung der ökonomischen Analyse der Sicherungsrechte, ZIP 1985, 65. Vgl. auch

Ein anderer Teil der deutschen Literatur stellt diese Prinzipien des Insolvenzrechts in Frage.[14] Im Mittelpunkt der Kritik steht der ökonomische Ansatz, der im Widerspruch zu einem Zwangsverfahren stehen soll.[15] Der Verzicht auf legislative Vorgaben erfordere Richtermacht oder andere behördliche Kontrollinstrumente entsprechend dem amerikanischen Recht.[16] Insbesondere im Reorganisationsrecht sei ein Verzicht auf die bisherige Haftungsordnung des Insolvenzrechts zu sehen.[17] Ferner habe der Verzicht des Gesetzgebers auf Normierungen die Formulierung von Zielvorgaben nötig gemacht, um die Akzeptanz des Rechts zu gewährleisten.[18]

Diese Kritik an der Neutralität des Insolvenzrechts ist verfehlt. Das Zwangsverfahren der Insolvenz tritt nicht in Konkurrenz zu ökonomischen Erwägungen. Hingegen werden verschiedene Regelungsbereiche differenziert behandelt. So ist beispielsweise der Vermögensbeschlag nicht disponibel, die Art der Verwertung obliegt jedoch der Entscheidung der Gläubiger, wobei diese sich dann wiederum an staatliche Zwangsverwertungsmöglichkeiten halten können. Zwang und ökonomischer Freiraum greifen also ineinander.

Auch der Auffassung, Reorganisationsverfahren würden die Gläubigerbefriedigung beeinträchtigen[19], muss widersprochen werden. Gerade in einem marktkonformen Insolvenzrecht richtet sich die Verwertungsart nach der Gläubigerentscheidung, ob eine Zerschlagung oder eine Fortführung zu einer größeren Befriedigungsquote führt.

Ferner ist es nicht richtig, dass das deutsche Recht keine wertenden Vorgaben des Gesetzgebers kennt, die erst durch Gerichte ihre Ausprägung erlangen.

Ebenfalls abzulehnen ist die Ansicht, das Insolvenzverfahren als Rechtsfürsorge zu betrachten.[20] Hier werden zum einen die unterschiedlichen Regelungsanliegen

---

Fletcher, General Report, in: Cross Border Insolvency: National and Comparative studies, Materialien zum ausländischen und internationalen Privatrecht 36, 1992, S. 269-303, S. 273 ff.

[14] *Smid*, Insolvenzordnung (InsO) mit Insolvenzrechtlicher Vergütungsverordnung (InsVV), Kommentar, 1999, Einleitung Rn. 29 und § 1 Rn. 1 ff.; *ders.*, Grundzüge des neuen Insolvenzrechts, 3. A., 1999, S. 1 ff.

[15] *Smid* (oben Fn. 14), Einleitung Rn. 29.

[16] *Smid* (oben Fn. 14), § 1 Rn. 4.

[17] *Smid* (oben Fn. 14), § 1 Rn. 10.

[18] *Smid* (oben Fn. 14), § 1 Rn. 15.

[19] Vgl. *Smid* (oben Fn. 14), § 1 Rn. 10.

[20] So jedoch *Habscheid*, Rechtsgestaltung im Insolvenzverfahren, Zur dogmatischen Rechtfertigung des Universalitätsprinzips, KTS 1999, 59, 61 f.

der insolvenzrechtlichen Gläubigerbefriedigung und der sozialpolitisch motivierten Restschuldbefreiung vermengt, zum anderen die Sanierung nicht als Verwertungsoption angesehen, sondern als der Gläubigerbefriedigung widersprechend.

In der Auseinandersetzung mit dem Internationalen Insolvenzrecht stellt sich bezüglich der Neutralität die Frage, welche Besonderheiten zu beachten sind, wenn Insolvenzverfahren grenzüberschreitende Wirkung besitzen. Soll in Gläubigerpositionen aufgrund von Wettbewerbsprozessen außerhalb der Insolvenz nicht eingegriffen werden, so ist zu gewährleisten, dass alle durch das Internationale Insolvenzrecht anwendbaren Insolvenzsachrechte dem nicht widersprechen. Läßt sich dies nicht kollisionsrechtlich erreichen, so müssen zweckmäßige internationalsachrechtliche Normen gesetzt werden. Ferner darf nicht durch die Beschränkung der Geltungserstreckung eines Verfahrens im Ausland bzw. durch die unkoordinierte Anwendung verschiedener Rechtsordnungen eine gesetzliche Bevorzugung von Liquidation oder Sanierung erfolgen.

II. Gläubigergleichbehandlung

Insolvenzrechtliche Gläubigergleichbehandlung bedeutet nicht, dass alle Gläubiger in der Insolvenz des Schuldners gleichwertig befriedigt werden sollen, sondern nur Gläubiger mit gleichen Rechten auch gleich behandelt werden müssen. Die Insolvenzordnung trägt dem Rechnung, indem sie bevorzugte Gläubigerstellungen außerhalb der Insolvenz durch spezielle Befriedigungsgruppen, wie die der Aus- und Absonderungsrechtsberechtigten, auch im Insolvenzverfahren anerkennt.

Umgekehrt bedeutet dies auch, dass einzelne Gläubiger in der Insolvenz nicht besser gestellt werden dürfen, als sie außerhalb der Insolvenz stehen würden. Der Gesetzgeber hat deshalb die Konkursvorrechte der Konkursordnung (§ 61 KO) abgeschafft. Sie waren wirtschaftlich nicht gerechtfertigt und führten zu ungerechten Verfahrensergebnissen.[21] Der Gesetzgeber spricht vom Ziel "mehr Verteilungsgerechtigkeit". Jede Bevorzugung einzelner Gläubiger benachteiligt andere Gläubiger. Ergibt sich eine unterschiedliche Behandlung der Gläubiger aus ihrer Wettbewerbsposition vor Insolvenzeröffnung, so soll auch nach Insolvenzeröffnung nichts anderes gelten. Ferner sind in der Insolvenz gewährte Vorrechte ordnungspolitisch bedenklich. Die Verfahrenseröffnung würde im Verhältnis zur zivilrechtlichen Haftungslage ebenso wie zu den Verhältnissen bei der Singularvollstreckung zu einer Umwertung der Gläubigerrechte führen. Der

---

[21] RegE InsO, BR-Drucks. 1/92, S. 81.

Antrag auf Verfahrenseröffnung könnte von einzelnen Gläubigergruppen eingesetzt werden, um Vermögensvorteile zu erlangen.[22]

Die Literatur befürwortet diese Zielsetzung des Insolvenzrechts und begrüßt deren Umsetzung in der Insolvenzordnung durch Abschaffung der Konkursvorrechte.[23]

Die Gleichbehandlung von Gläubigern kann in grenzüberschreitenden Insolvenzfällen dadurch behindert werden, dass auf im Inland gleich zu behandelnde Gläubiger verschiedene Rechtsordnungen zur Anwendung kommen oder die Gläubiger vom Insolvenzverfahren nur zum Teil erfasst werden. Bei gesicherten Gläubigern ist darauf zu achten, dass nicht der Tatbestand der In- oder Auslandsbelegenheit zu einer Ungleichbehandlung ansonsten gleicher oder gleichwertiger Sicherungsrechte führt.

III. Kein Eingriff in die Verteilungsrechte von Sicherungsrechten

Aus dem Prinzip der Gläubigergleichbehandlung, dass (nur) gleiches gleich zu behandeln ist, folgt im Umkehrschluss, dass im Insolvenzverteilungsrecht kein Eingriff in Sicherungsrechte erfolgen soll, da jeder Eingriff eine Verschiebung von Vermögen unter den Beteiligten ist. Wegen der grundsätzlichen Bedeutung für die Prüfung der vorliegenden Arbeit soll dieser Grundsatz als eigenständiger Punkt formuliert werden. Der Gesetzgeber hat unter dem Ziel der "Marktkonformität" in der Begründung des Regierungsentwurfs auch den Verzicht des Eingriffs in Vermögensrechte dargestellt. Zwangseingriffe in die private Güterordnung mit der Folge von Vermögensverlagerungen sind ebenso als Mittel zur Eröffnung von Insolvenzverfahren wie als Hilfen zur Durchführung von Sanierungen zurückzuweisen. Es kommt zu wirtschaftlich fehlerhaften Verwertungsentscheidungen, wenn die Ausgestaltung des Verfahrens zu Vermögensverschiebungen unter den Beteiligten führen würde.[24] Der Gesetzgeber meint damit jedoch nur Eingriffe in Verteilungsrechte. Dies ergibt sich aus dem in der Begründung selbst erwähnten notwendigen Eingriff in Verwertungsrechte.[25]

---

[22] RegE InsO BR-Drucks. 1/92, S. 81.

[23] Frankfurter Kommentar-*Schmerbach* (oben Fn. 10), Vor §§ 1 ff. Rn. 30; Heidelberger Kommentar-*Kirchhof* (oben Fn. 10), § 1 Rn. 5; *Haarmeyer/Wutzke/Förster* (oben Fn. 10), S. 23; *Smid* (oben Fn. 14), § 1 Rn. 11; Kübler/Prütting-*Prütting* (oben Fn. 10), § 1 Rn. 21; *Obermüller/Hess*, InsO, Eine systematische Darstellung des neuen Insolvenzrechts, 3. A., 1999, Rn. 20; a.A. *Häsemeyer*, Die Gleichbehandlung der Konkursgläubiger, KTS 1982, 507. *Häsemeyer* befürwortet die Gleichbehandlung von gesicherten und ungesicherten Gläubigern.

[24] RegE InsO BR-Drucks. 1/92, S. 78 f.

[25] Vgl. RegE InsO BR-Drucks. 1/92, S. 79.

Das Prinzip des Nichteingriffs in Sicherungsrechte im Insolvenzverteilungsrecht wird auch von der Literatur geteilt. So wird beispielsweise ausdrücklich betont, dass die Gleichbehandlung der Insolvenzgläubiger und der absonderungsberechtigten Gläubiger nach Maßgabe ihres Rechts zu gewährleisten sei.[26] An anderer Stelle wird auch auf die Werterhaltung von Sicherungsrechten abgestellt, was deutlich macht, dass Eingriffe im Verwertungsrecht möglich bleiben, wenn formuliert wird, dass Kreditsicherheiten im Insolvenzverfahren ihren wirtschaftlichen Wert behalten und die Ausübung der Rechte an die Bedürfnisse des Verfahrens angepasst wird.[27]

Im Internationalen Insolvenzrecht stellt sich die Frage, ob dessen Regelungen gewährleisten, dass Eingriffe in Sicherungsrechte im Insolvenzverteilungsrecht vermieden werden. Dabei kann das Internationale Insolvenzrecht jedoch nur solche Eingriffe vermeiden, die nicht bereits das nationale Insolvenzrecht eines Staates für Inlandssachverhalte vornimmt. Ziel muß es demnach sein, durch Regelungen des Internationalen Insolvenzrechts zu erreichen, dass nicht ein solches nationales Insolvenzrecht auf Auslandssachverhalte zur Anwendung kommt, das Eingriffe in Sicherungsrechte im Insolvenzverteilungsrecht vornimmt.

IV. Anmerkung: Restschuldbefreiung

Die Restschuldbefreiung dient anderen Zwecken als das allgemeine Insolvenzverfahren. Sie dient nicht der Gläubigerbefriedigung, indem die Haftungsmasse für die Summe der Gläubiger maximiert wird, wie es insolvenzrechtliche Zielsetzung wäre, sondern dem Schutz des Schuldners. Dieser Schutz führt im Zweifel eher zu einer Verringerung der Haftungsmasse.

Begründung für diese Neuregelung ist die sozialpolitische Zielsetzung, dem überschuldeten Schuldner eine zweite Chance zu geben. So sollen ehemalige Gemeinschuldner nicht in die Schattenwirtschaft und Schwarzarbeit getrieben werden und umgekehrt geeignete Persönlichkeiten nicht von der Gründung einer selbständigen Existenz abgeschreckt werden.[28] Der Gesetzgeber hat diese unterschiedlichen Regelungsanliegen in der Insolvenzordnung zusammengefasst, obwohl das zweite Ziel kein insolvenzrechtliches ist. Im folgenden soll auf die Restschuldbefreiung nicht näher eingegangen werden.

---

[26] *Smid* (oben Fn. 14), § 1 Rn. 11.
[27] *Obermüller/Hess* (oben Fn. 23), Rn. 21; a.A. *Häsemeyer* (oben Fn. 23), KTS 1982, 507.
[28] RegE InsO BR-Drucks. 1/92, S. 81.

§ 4 Trennung von Verteilungs- und Verwertungsfragen

I. Grundsätzliche Überlegung

In der vorliegenden Arbeit werden das Insolvenzverwertungsrecht und das Insolvenzverteilungsrecht getrennt voneinander betrachtet. Die bestehenden und geplanten Regelungen des Internationalen Insolvenzrechts sollen daher getrennt nach ihren Folgen für das Verwertungs- und das Verteilungsrecht bewertet werden. Auf diese Weise können die unterschiedlichen Regelungsinteressen des Verwertungsrechts und des Verteilungsrechts Berücksichtigung finden.

Dass eine solche Trennung zweckmäßig ist, wird im folgenden kurz anhand der rechtswissenschaftlichen Debatte der letzten Jahre dargestellt. Im Ergebnis wird sich zeigen, dass diese Trennung nicht nur theoretisch begründbar ist, sondern dass nur durch eine getrennte Anknüpfung der Regelungsgegenstände zweckmäßige Ergebnisse erzielt werden können.

II. Theoretische Einordnung

1. Die US-amerikanische Debatte

Mitte der 80er Jahre wurde in der US-amerikanischen Rechtswissenschaft eine Debatte über die Frage geführt, inwieweit durch das Insolvenzrecht in andere Rechtsmaterien eingegriffen werden müsse. Hauptakteure der Diskussion waren *Jackson* und *Baird*[29] einerseits sowie *Warren* und *Westbrook*[30] andererseits.

Jackson und *Baird* vertreten die Auffassung, dass auch in der Insolvenz bestehende Rechtsverhältnisse in der Regel unverändert fortbestehen müssten und das Insolvenzrecht nur dort eingreifen müsse, wo das common-pool-Problem

---

[29] *Baird/Jackson*, Corporate Reorganizations and the Treatment of Diverse Ownership Interests, 51 The University of Chicago Law Review 97 (1984); *Jackson* (oben Fn. 11); *Baird*, Loss Distribution, Forum shopping, and Bankruptcy: A Reply to Warren, 54 The University of Chicago Law Review 815 (1987); *ders.*, A World Without Bankruptcy, 50 Law and Contemporary Problems 173 (1987); *ders.* Bankruptcy`s Uncontested Axioms, 108 The Yale Law Journal 573 (1998).

[30] *Warren*, Bankruptcy Policy, 54 The University of Chicago Law Review 775 (1987); *Sullivan/Warren/Westbrook*, The Use of Empirical Data in Formulating Bankruptcy Policy, 50 Law and Contemporary Problems 195 (1987); *Warren/Westbrook*, Financial Characteristics of Businesses in Bankruptcy, 73 American Bankruptcy Law Journal 499 (1999).

dies erfordere.[31] Bevor also über den Eingriff des Insolvenzrechts nachgedacht werden sollte, wäre es notwendig, die Situation außerhalb der Insolvenz zu betrachten.

Das Gegensatzpaar zur Verwertung bzw. Verteilung außerhalb der Insolvenz sind Investition und Finanzierung. Investitions- und Finanzierungsfragen werden grundsätzlich getrennt voneinander betrachtet.[32] Einerseits wird die Frage beantwortet, welche Ziele eine Unternehmung verfolgen soll, andererseits die Frage, wie diese Ziele finanziell zu realisieren sind. Es handelt sich dabei also um die zwei Seiten der Bilanz, um Aktiva und Passiva.

Diese getrennte Betrachtungsweise soll auch in der Insolvenz fortgelten.[33] Stellt man nun die Frage nach dem Zweck des Insolvenzrechts, so wird man bezüglich der Verwertung und der Verteilung zu verschiedenen Ergebnissen kommen.

Bei der Verwertung des Vermögens stellt sich das common-pool-Problem. Dieses beschreibt die Situation, dass eine Einzelverwertung durch viele Gläubiger in der Summe nicht den identischen Wert ergeben muss und in der Regel nicht ergeben wird, der durch eine Gesamtverwertung erzielt werden kann.[34] Dieses Problem rechtfertige einen Eingriff durch das Insolvenzrecht. Den Gläubigern müsse ein Mechanismus zur Verfügung gestellt werden, um ihre Interessen gemeinsam durchzusetzen.

Der Begriff "Verwertung" umfasst dabei sowohl die Liquidation als auch die Sanierung des schuldnerischen Vermögens. Entgegen der umgangsprachlichen Verwendung des Begriffes stellt auch die Sanierung eine Verwertungsoption dar.

Bei der Verteilung des Vermögens gibt es im Gegensatz zur Verwertung hingegen keinen Grund, in bestehende Marktverhältnisse einzugreifen. Es dürfen keine Rechte geschaffen werden, die außerhalb der Insolvenz nicht bestanden haben, und Rechte, die außerhalb bestanden haben, nicht beschnitten werden.

---

[31] *Jackson* (oben Fn. 11), S. 24 f.; *Baird* (oben Fn. 29), 54 The University of Chicago Law Review 815, 828 ff. (1987).

[32] *Baird* (oben Fn. 29), 54 The University of Chicago Law Review 815, 819 f. (1987); vgl. auch grundlegend *Modigliani/Miller*, The Cost of Capital, Corporation Finance and the Theory of Investment, 48 The American Economic Review 261 (1958).

[33] *Jackson* (oben Fn. 11), S. 22 ff.; *Baird* (oben Fn. 29), 54 The University of Chicago Law Review 815, 819 f. (1987).

[34] *Jackson* (oben Fn. 11), S. 57 ff.; Vgl. auch die Darstellung des "Gefangenendilemmas" bei *Eidenmüller*, Unternehmenssanierung zwischen Markt und Gesetz, 1999, S. 17 ff.

Jedes Verschaffen von zusätzlichen Rechten wird anderswo zur Verringerung von bestehenden Rechten führen.[35]

Gegen eine Beschränkung des Insolvenzrechts auf das common-pool-Problem wenden sich *Warren* und *Westbrook*. Sie wenden sich gegen eine einseitige Ausrichtung auf Gläubigerinteressen und fordern eine umfassende Berücksichtigung der Interessen, der durch die Insolvenz betroffenen Parteien durch das Insolvenzrecht.[36]

2. Der Perspektivenwechsel in Deutschland

Eine ähnliche Debatte erfolgte in den 80er Jahren auch in Deutschland. Nach dem Regierungswechsel 1982 erfolgte ein Perspektivenwechsel[37], der die Debatte in der Kommission für Insolvenzrecht beeinflusste und in den Entwürfen des BMJ[38] zum Ausdruck kam.[39] Es erfolgte eine bereits beschriebene Orientierung auf Marktkonformität und Gläubigerautonomie.[40] Die Verfechter eines marktkonformen Insolvenzrechts orientierten sich an der US-amerikanischen Debatte, insbesondere an der Position *Jacksons*.[41]

Die deutsche Diskussion blieb jedoch hinter der US-amerikanischen zurück. In Deutschland wurde nicht über die Trennung von Verwertungs- und Verteilungsfragen diskutiert, sondern über die Folgen, die sich daraus ergaben. Die theoretische Herleitung von Marktkonformität und Gläubigerautonomie fehlte in der Diskussion. Erklären lässt sich dies vielleicht damit, dass in Deutschland ein Gesetzgebungsverfahren vorbereitet wurde und daher eine Diskussion an der konkreten Sache vordringlich war.

Da sich die US-amerikanische Debatte auf das nationale Recht bezog und dort Schlußfolgerungen gezogen wurden, die Grundlage der Diskussion für das nationale Recht in Deutschland waren, fehlte bei der Diskussion um das deutsche Internationale Insolvenzrecht sowohl die theoretische Grundlage, da sie in Deutschland überhaupt nicht geführt wurde, als auch die daraus zu ziehende Schlussfolgerung, da das Internationale Insolvenzrecht nicht Gegenstand der

---

[35] *Jackson* (oben Fn. 11), S. 25 f.

[36] *Warren* (oben Fn. 30), 54 The University of Chicago Law Review 775, 778, 797 ff. (1987).

[37] Vgl. *Engelhard* (oben Fn. 13), ZIP 1986, 1287; *Lambsdorff* (oben Fn. 13), ZIP 1987, 809.

[38] *BMJ (Hrsg.)*, Referentenentwurf Gesetz zur Reform des Insolvenzrechts, 1989; Regierungsentwurf vom 15.4.1992, BT-Drucks. 12/2443=BR-Drucks. 1/92.

[39] Heidelberger Kommentar-*Flessner* (oben Fn. 10), Einleitung Rn. 6.

[40] Vgl. RegE InsO BR-Drucks. 1/92, S. 77 ff.

[41] Vgl. den Hinweis auf die Korrespondenz zwischen Balz und Jackson: *Balz* (oben Fn. 10), in: Kölner Schrift zur Insolvenzordnung, 2. A., 2000, S. 3-22, S. 22, Fn. 108.

Debatte in den USA war. Eine Trennung von Verwertungs- und Verteilungsfragen kam daher bei der Diskussion um das deutsche Internationale Insolvenzrecht gar nicht erst zur Sprache.

3. Die aktuelle Diskussion in Deutschland

Erst in jüngster Zeit ist der Vorschlag einer Trennung des Anknüpfungsgegenstands bezüglich der Verwertung und der Verteilung im Internationalen Insolvenzrecht in die Diskussion gebracht worden.[42] Eine Auseinandersetzung mit dieser Position fand bislang kaum statt.[43]

III. Trennbarkeit von Verwertungs- und Verteilungsfragen

Voraussetzung für die Trennung der Anknüpfung ist die Trennbarkeit der Regelungsbereiche von Verwertung und Verteilung. Im folgenden soll an dem problematischen Grenzbereich des Kostenbeitrags der Gläubiger gezeigt werden, dass durch Auslegung eine Zuordnung von Regelungsbereichen in verwertungs- und verteilungsrechtliche Normen möglich ist.

Gemäß § 170 InsO sind aus dem Verwertungserlös die Kosten der Feststellung und der Verwertung des Gegenstands vorweg für die Insolvenzmasse zu entnehmen. Die §§ 170 f. InsO regeln Einzelheiten der Erhebung und Berechnung des Kostenbeitrags.
Fraglich ist, ob die Regeln über den Kostenbeitrag der Gläubiger zur Insolvenzverwertung oder zur Insolvenzverteilung zu rechnen sind.

1. Gesetzeswortlaut

§ 170 InsO spricht in der Überschrift von der "Verteilung des Erlöses". Dies könnte ein Hinweis sein, dass die Kostenregelung eine Regelung der Verteilung ist. Setzt man sich jedoch mit dem eigentlichen Gesetzestext auseinander, so ist zu differenzieren. In Abs. 1, Satz 1 wird davon gesprochen, dass "vorweg für die

---

[42]Vgl. *v. Wilmowsky*, Europäisches Kreditsicherungsrecht, Sachenrecht und Insolvenzrecht unter dem EG-Vertrag, Beiträge zum ausländischen und internationalen Privatrecht 60, 1996, S. 280-347; *ders.*, Internationales Insolvenzrecht, Plädoyer für eine Neuorientierung, WM 1997, 1461; *ders.*, Sicherungsrechte im Europäischen Insolvenzübereinkommen, EWS 1997, 295; *ders.*, Aufrechnung in internationalen Insolvenzfällen, - Das Kollisionsrecht der Insolvenzaufrechnung -, KTS 1998, 343.

[43]Zustimmend *Köndgen*, Grenzüberschreitende Insolvenzen im Spannungsfeld von Territorialität und Ubiquität des Rechts, in: Jahrbuch für Neue Politische Ökonomie, 18. Band, 1999, S. 52-80, S. 70 ff.; ablehnend: Heidelberger Kommentar-*Kirchhof* (oben Fn. 10), Art. 102 EGInsO Rn. 12.

Insolvenzmasse zu entnehmen" ist. Dies muss wohl so verstanden werden, dass diese Entnahme eben noch nicht zur Verteilung gehört, sondern "vorweg" erfolgt. In Abs. 1, Satz 2 wird hingegen von der Befriedigung der Gläubiger gesprochen. Dies ist unstreitig eine Frage der Verteilung.

§ 171 Abs. 2, Satz 2 InsO macht darüberhinaus zumindest für die Verwertungskosten deutlich, dass es nicht darum geht, in Verteilungsverhältnisse einzugreifen, sondern die dem Verwalter tatsächlich anfallenden Verwertungskosten den Gläubigern aufzuerlegen.

Im Gegensatz zu den Verwertungskosten sollen sich die Feststellungskosten nach § 171 Abs. 1, Satz 2 InsO nicht an den tatsächlichen Kosten orientieren. Daher ist hier eher die Frage zu stellen, ob nicht doch ein Eingriff in Verteilungsverhältnisse erfolgt. Nach § 171 Abs. 1, Satz 1 InsO sollen die Kosten der Feststellung jedoch auch hier lediglich die Kosten der tatsächlichen Feststellung des Gegenstands und der Feststellung der Rechte an diesem umfassen. Dies spricht für Normen der Verwertung und nicht der Verteilung.

2. Gesetzesmaterialien

Bemüht man den Regierungsentwurf zur Insolvenzordnung[44], so bestätigen sich die Einschätzungen, dass die Kostenregelung dem Insolvenzverwertungsrecht zuzuordnen ist. Unter dem Ziel der Reform, mehr Verteilungsgerechtigkeit herzustellen, ist festgehalten, dass Zwangseingriffe in Rechte dinglich gesicherter Gläubiger zur Aufbesserung der Quote ungesicherter Gläubiger nicht anzustreben sind. Dies schließe jedoch nicht aus, dass gesicherte Gläubiger an den entstehenden Verfahrenskosten zu beteiligen sind.[45] Es sollen gerade keine Eingriffe in die Wertsubstanz der Sicherheiten vorgenommen werden.[46] Die Kostenbeteiligung soll also nicht der Verteilungsgerechtigkeit dienen. Dadurch unterscheidet sich der Regierungsentwurf maßgeblich von früheren Überlegungen im ersten Bericht der Kommission für Insolvenzrecht, gesicherte Gläubiger mit "Sonderopfern" zu belegen[47], was der Regierungsentwurf ausdrücklich betont.[48] Statt Verteilungseingriffe vorzunehmen, soll durch §§ 170 f. InsO nur die Kostentragung des Verwertungsvorgangs geregelt werden. Die Normen sind somit solche des Verwertungs- und nicht des Verteilungsrechts.

[44]RegE InsO BR-Drucks. 1/92.
[45]RegE InsO BR-Drucks. 1/92, S. 81.
[46]RegE InsO BR-Drucks. 1/92, S. 86.
[47]*BMJ (Hrsg.)*, Erster Bericht der Kommission für Insolvenzrecht, 1985, S. 312 ff.
[48]RegE InsO BR-Drucks. 1/92, S. 86.

3. Normzweck

Durch die §§ 165 ff. InsO kommt es bezüglich der Verwertung von Sicherungsrechten im Vergleich zur Konkursordnung zu einer grundsätzlichen Änderung der Rechtslage. So erlangt der Insolvenzverwalter das Recht, mit Absonderungsrechten belegene Gegenstände, die in seinem Besitz befindlich sind, zu verwerten. Das Verwertungsrecht des Verwalters soll jedoch nicht zu einer zusätzlichen Belastung der Masse führen. Daher ist es gerechtfertigt, die Kosten, die dem Verwalter für Feststellung und Verwertung anfallen, auf die Gläubiger abzuwälzen.[49] Befände man sich außerhalb des Insolvenzverfahrens oder unter der Rechtslage der Konkursordnung, so hätte dort der Gläubiger ebenso die Kosten der Durchsetzung seines Sicherungsrechts zu tragen. Die Insolvenzordnung greift mit §§ 170 f. InsO also nicht in Verteilungsrechte ein, sondern antwortet konsequent auf die Entscheidung in den §§ 165 ff. InsO, die Verwertung dem Verwalter zu überlassen, ohne eine Änderung der Kostentragung vorzunehmen.

[49] A.A. Nerlich/Römermann-*Nerlich* (oben Fn. 10), Einleitung Rn. 25. Er sieht die Kostenregelung als verfassungsrechtlich problematisch an.

Teil III: Sicherungsrechte im Internationalen Insolvenzrecht verschiedener Rechtsordnungen

§ 5 EG-Verordnung über Insolvenzverfahren (EuInsVO)

I. Rechtslage

1. Entstehungsgeschichte

Bestrebungen, ein europäisches Konkursrechtsübereinkommen auf der Ebene der Europäischen Gemeinschaften zu schaffen, bestehen seit 1960.[50] Gleichzeitig wurde auch mit der Abfassung des EuGVÜ begonnen. Dieses wurde 1968 unterzeichnet und von den Mitgliedsstaaten ratifiziert.[51] Das EuGVÜ regelt in Art. 1 Abs. 2, Nr. 2, dass dieses Abkommen nicht auf Konkurse, Vergleiche und ähnliche Verfahren anzuwenden ist. Diese Lücke soll durch die EuInsVO geschlossen werden.[52] Die Rechtsgrundlage dieser Verordnung ist Art. 65 EGV.[53]

Die EuInsVO[54] steht am vorläufigen Ende einer Reihe von Entwürfen. 1970 wurde ein Vorentwurf vorgelegt.[55] Dieser hatte das Ziel, in Einzelfragen einheitliche Sachnormen zu schaffen, die weitgehende Ähnlichkeiten zum romanischen Rechtskreis, vor allem zum französischen Recht aufwiesen, was auf erheblichen Widerstand gestoßen war.[56]

---

[50] Hess-*Goetsch*, Kommentar zur Konkursordnung, 6. A., 1998, § 237 Rn. 47.

[51] Vgl. für Deutschland: BGBl. 1972 II S. 774.

[52] Vgl. zur Abgrenzung des EuInsÜ mit dem EuGVÜ: *Lüke*, Europäisches Zivilverfahrensrecht - das Problem der Abstimmung zwischen EuInsÜ und EuGVÜ, in: Wege zur Globalisierung des Rechts, Festschrift für Rolf A. Schütze zum 65. Geburtstag, Hrsg.: Reinhold Geimer, 1999, S. 467-483; vgl. auch *Paulus*, Kurzkommentar, EuGH EWiR Art. 31 EuGVÜ 1/99, 951.

[53] *Heß*, Die "Europäisierung" des internationalen Zivilprozessrechts durch den Amsterdamer Vertrag - Chancen und Gefahren, NJW 2000, 23.

[54] Verordnung des Rates (EG) Nr. 1346/2000 vom 29.5.2000, ABl. L 160 v. 30.6.2000. Der Text ist abgedruckt in: NZI 2000, 407; ferner bei: *Kübler/Prütting* (oben Fn. 10), Anh. II.1a.

[55] Der Text ist abgedruckt in: RabelsZ 36 (1972), 734; ferner *Kegel (Hrsg.)*, Vorschläge und Gutachten zum Entwurf eines EG-Konkursübereinkommens, 1988, S. 1 ff.

[56] Einzelheiten zum Entwurf von 1970 behandelt *Potthast*, Probleme des Europäischen Konkursübereinkommens, 1995, S. 56 f.

Der Entwurf von 1980[57] ist kollisionsrechtlicher geworden als sein Vorgänger.[58] Das Dilemma, unter dem auch bereits der Entwurf von 1970 gelitten hat, kann jedoch auch er nicht beheben. Die Entwürfe basieren auf dem Grundsatz der Universalität unter Geltung der lex fori concursus mit vielfältigen Durchbrechungen dieses Prinzips. Gleichzeitig sollte der Grundsatz der Unität, d.h. der Abwicklung des Verfahrens unter einer Masse, gewahrt bleiben. Eine Zulassung von Sekundär- oder Partikularverfahren war nicht vorgesehen. Die Anwendung diverser Rechtsordnungen und die Bildung von rechnerischen Untermassen führte zu einem komplizierten Regelungssystem.[59] Auch ein revidierter Entwurf von 1984[60] änderte nichts grundlegend; dessen Weiterbehandlung ist in den EG-Gremien hängengeblieben.[61]

Erst während der informellen Ratstagung der Justizminister in San Sebastián vom 25.-27.5.1989 wurden die Beratungen wieder aufgenommen.[62] Im April 1990 wurde eine beim Rat angesiedelte Arbeitsgruppe "Konkursübereinkommen" eingesetzt. 1991 wurde ein Vorentwurf beraten. Am 3.4.1992 wurde dann ein interner Entwurf vorgelegt.[63] Grundlage des Entwurfs war das Istanbuler Übereinkommen des Europarats. An die gescheiterten früheren EG-Entwürfe wurde nicht angeknüpft.[64]

Schließlich wurde auf der Grundlage des Entwurfs von 1992 das Übereinkommen am 23.11.1995 von den Justizministern der Mitgliedsstaaten verabschiedet.[65] Bis zum 23.5.1996 konnte es von den EU-Mitgliedsstaaten

---

57 Der Text ist abgedruckt in: ZIP 1980, 582 und ZIP 1980, 811; ferner *Kegel (Hrsg.)* (oben Fn. 55) S. 45 ff.; vgl. auch ZIP-Dokumentation, Bericht Lemontey zum Entwurf eines EG-Konkursübereinkommens, ZIP 1981, 547; *Thieme*, Grundsätze des EG-Konkursübereinkommens, Allgemeine Stellungnahme zum Entwurf von 1980, in: Vorschläge und Gutachten zum Entwurf eines EG-Konkursübereinkommens, Materialien zum ausländischen und internationalen Privatrecht 32, 1988, S. 213-297.

58 *Thieme*, Der Entwurf eines Konkursübereinkommens der EG-Staaten von 1980, RabelsZ 45 (1981), 459, 466.

59 *Potthast* (oben Fn. 56), 53 ff.; *Thieme*, Der revidierte Entwurf eines EG-Konkursübereinkommens von 1984, in: Vorschläge und Gutachten zum Entwurf eines EG-Konkursübereinkommens, 1988, S. 465 ff.

60 Der Text ist abgedruckt in: Hess-*Goetsch*, Kommentar zur Konkursordnung, 5. A., 1995, § 237 Rn. 36; ferner *Kegel (Hrsg.)* (oben Fn. 55) S. 417 ff.

61 Baur-*Stürner*, Zwangsvollstreckungs-, Konkurs- und Vergleichsrecht, Band II, Insolvenzrecht, 12. A., 1990, S. 443.

62 Vgl. *Strub*, Das Europäische Konkursübereinkommen, EuZW 1996, 71.

63 Der Text ist abgedruckt in: ZIP 1992, 1197.

64 *Hanisch*, Einheit oder Pluralität oder ein kombiniertes Modell beim grenzüberschreitenden Insolvenzverfahren, ZIP 1994, 1, 8 f.

65 Der Text ist abgedruckt in: ZIP 1996, 976.

unterzeichnet werden. Dies ist von 14 Staaten erfolgt. Die Unterzeichnung durch das Vereinigte Königsreich, vorgesehen für den 22.5.1996, unterblieb infolge der Politik der britischen Regierung, mit der diese gegen das Importverbot für britisches Rindfleisch als Maßnahme gegen BSE reagierte.[66]

Dadurch ist das EuInsÜ formal gescheitert. Zwischenzeitliche Spekulationen über eine nachträgliche Zeichnung durch das Vereinigte Königreich[67] erfolgten ohne jede Grundlage.[68]

Am 27.1.1999 wurde in der Ad-hoc-Gruppe der Referenten "Übereinkommen über Insolvenzverfahren" über das weitere Vorgehen beraten. Dabei wurde eine EG-Verordnung, die sich eng am EuInsÜ anlehnt, mehrheitlich befürwortet.[69] Daraufhin haben Deutschland und Finnland am 27./28.5.1999 im Rat Justiz und Inneres einen Vorschlag für eine EG-Verordnung eingebracht[70], der mit ausführlichen Erwägungsgründen versehen ist. Diese Erwägungsgründe wurden auf der Sitzung am 18.10.1999 geändert.[71] Eine grundsätzliche Verständigung ist während der Ratstagung der Innen- und Justizminister am 2.12.1999 erfolgt.[72] Dabei wurde auf Wunsch von Großbritannien in Art. 5 EuInsVO

---

[66] *Jayme/Kohler*, Europäisches Kollisionsrecht 1996, IPRax 1996, 377, 388 f.; *Balz*, Das neue Europäische Insolvenzübereinkommen, ZIP 1996, 948.

[67] *Weinbörner*, Die neue InsO und das EU-Übereinkommen über Insolvenzverfahren, Rpfleger 1996, 494, 496.

[68] *Garrido*, Some Reflections on the EU Bankruptcy Convention and its Implications for Secured and Preferential Creditors, IIR 1998, 79. Die Annahme von Habscheid, ab 1.1.1999 sei in der EU das EuInsÜ einschlägig, kann schon aufgrund des Ratifizierungserfordernisses nicht nachvollzogen werden; vgl. *Habscheid*, Grenzüberschreitendes (internationales) Insolvenzrecht der Vereinigten Staaten von Amerika und der Bundesrepublik Deutschland, 1998, S. 4. Zwischenzeitlich wurde die Zeichnung durch Großbritannien auch mit der Lösung des Gibraltar-Konflikts mit Spanien in Verbindung gebracht; vgl. *Heiderhoff*, Diskussionsbericht zum Europäischen Insolvenzübereinkommen, ZZP 1998, 351.

[69] ZInsO-Dokumentation, Europäisches Übereinkommen über Insolvenzverfahren, ZInsO 1999, 222, 223. Bestrebungen des Rechtsausschusses des Europäischen Parlamentes, Änderungen gegenüber dem EuInsÜ vorzunehmen, wurden vom Ministerrat nicht aufgegriffen, vgl. NZI-Mitteilungen, EP-Rechtsausschuß verabschiedet Malangré-Bericht, NZI 1999, 264.

[70] Abl. C 221 v. 3.8.1999. Der Text ist ohne Erwägungsgründe abgedruckt in: NZI-Mitteilungen, Initiative für eine Ratsverordnung über Insolvenzverfahren, NZI 1999, 399. Der Text ist mit Erwägungsgründen als ZInsO-Dokumentation 07-02 erhältlich. Vgl. auch NZI-Mitteilungen (oben Fn. 69), NZI 1999, 264; *Haarmeyer*, Nachrichten und Notizen aus der Praxis der Insolvenzordnung, ZInsO 1999, 403; *Jayme/Kohler*, Europäisches Kollisionsrecht 1999 - Die Abendstunde der Staatsverträge, IPRax 1999, 401.

[71] ZIP-aktuell 1999 Nr. 235 A 84.

[72] Handelsblatt vom 3./4.12.1999; FAZ vom 3.12.1999.

eingefügt, dass die floating charge ein Recht zur Aussonderung gewährt.[73] Auch die Rolle Gibraltars, über die lange Zeit gestritten wurde,[74] ist inzwischen geklärt,[75] so dass auch Spanien der Verordnung zustimmt[76] und Großbritannien auf Grundlage seiner Vorbehalte im Amsterdamer Vertrag die EuInsVO umsetzen wird.[77] Die EuInsVO wird gemäß Abs. 33 der Erwägungsgründe lediglich auf Dänemark keine Anwendung finden. Das Europäische Parlament hat den Bericht des Ausschusses für Recht und Binnenmarkt zur EuInsVO vom 23.2.2000 am 2.3.2000 angenommen.[78] Am 29.5.2000 hat der Rat der Europäischen Union die Verordnung erlassen.[79] Die EuInsVO wird gemäß Art. 47 am 31.5.2002 in Kraft treten.

Die EuInsVO ist nicht in der Insolvenz von Kreditinstituten anwendbar. Hierfür ist die "Richtlinie des Europäischen Parlaments und des Rates über die Sanierung und Liquidation von Kreditinstituten" geplant. Nur ergänzend sei erwähnt, dass nach dem Gemeinsamen Standpunkt des Rates (Wirtschaft und Finanzen) vom 17.7.2000 gemäß Art. 20 Abs. 1 Buchst. h der geplanten Richtlinie für Dingliche Rechte entgegen Art. 5 EuInsVO "ausschließlich das Recht maßgeblich sein soll, das auf das betreffende Recht anzuwenden ist".

2. Sicherungsrechte in der EuInsVO

Die EuInsVO trifft in Art. 5 eine Regelung zur Behandlung von Sicherungsrechten. In Art. 7 wird der Eigentumsvorbehalt behandelt. Diese Regelungen entsprechen weitgehend Art. 5 und 7 des EuInsÜ, so dass die Ausführungen in der Literatur zu diesen Normen auch für die Verordnung gelten dürften.

a) Art. 5 und 7 EuInsVO und ihre Auslegung

Art. 5 Abs. 1 bestimmt, dass dingliche Rechte eines Gläubigers oder eines Dritten an körperlichen oder unkörperlichen, beweglichen oder unbeweglichen Gegenständen des Schuldners, die sich zum Zeitpunkt der Eröffnung des

---

[73]ZIP-aktuell 1999 Nr. 269 A 98.

[74]FAZ vom 3.12.1999; ZIP-aktuell 1999 Nr. 269 A 98. Vgl. auch *Tarko*, Ein Europäischer Justizraum: Errungenschaften auf dem Gebiet der justitiellen Zusammenarbeit in Zivilsachen, ÖstJZ 1999, 401, 403.

[75]Handelsblatt vom 20.4.2000. Ein Übereinkommen über den künftigen europäischen Status von Gibraltar wurde am 19.4.2000 in Brüssel von Großbritannien und Spanien geschlossen.

[76]Handelsblatt vom 3./4.3.2000.

[77]NZI-Mitteilungen, Entwurf einer Ratsverordnung über Insolvenzverfahren, NZI 2000, 69.

[78]Handelsblatt vom 3./4.3.2000.

[79]NZI-Mitteilungen, NZI-aktuell 2000, Heft 8, S. VI.

Insolvenzverfahrens im Gebiet eines anderen Vertragsstaats befinden, nicht von der Eröffnung des Verfahrens berührt werden. Art. 7 Abs. 1 trifft bei der Eröffnung eines Insolvenzverfahrens gegen den Käufer einer Sache für die Rechte des Verkäufers aus einem Eigentumsvorbehalt eine entsprechende Lösung. Der Wortlaut von Art. 5 und 7 entspricht somit weder einer Lösung nach der lex fori concursus, noch der lex rei sitae oder der Kumulationslösung.[80] Wiederholt ist diese eindeutige Entscheidung des EuInsÜ und der EuInsVO für eine Loslösung der Sicherungsrechte an im Ausland befindlichen Gegenständen vom Insolvenzverfahren in Zweifel gezogen worden.[81] Der Vorschlag, Sicherungsrechte an Auslandsvermögen der Kumulationslösung zu unterwerfen,

---

[80]Für eine am Wortlaut orientierte Auslegung: *Balz* (oben Fn. 66), ZIP 1996, 948, 950; *Strub*, Insolvenzverfahren im Binnenmarkt, EuZW 1994, 424, 426; *Trunk* (oben Fn. 1), S. 358 f.; *Gottwald*, Grenzüberschreitende Insolvenzen, 1997, S. 33; *v. Wilmowsky* (oben Fn. 42), EWS 1997, 295, 297; *Wunderer*, Auswirkungen des Europäischen Insolvenzübereinkommens auf Bankgeschäfte, WM 1998, 793, 798; *Taupitz*, Das (zukünftige) europäische Internationale Insolvenzrecht - insbesondere aus international-privatrechtlicher Sicht -, ZZP 111 (1998), 315, 335; Frankfurter Kommentar-*Wimmer* (oben Fn. 10), Anhang I Rn. 85, 87; Heidelberger Kommentar-*Kirchhof* (oben Fn. 10), Art. 102 EGInsO Rn. 22; Kübler/Prütting-*Kemper* (oben Fn. 10), Art. 102 EGInsO Rn. 142 (jedoch im Widerspruch zu Rn. 41); Nerlich/Römermann-*Mincke* (oben Fn. 10), Art. 102 EGInsO Rn. 188; *Johnson*, The European Union Convention on Insolvency Proceedings: A Critique of the Convention's Corporate Rescue Paradigm, IIR 1996, 80, 86 f., 92; *Soriano*, The interaction between national law and European integration law: The future EC Bankruptcy Convention, in: Europäischer Binnenmarkt, Internationales Privatrecht und Rechtsvergleichung, Hrsg.: Peter Hommelhoff, Erik Jayme, Werner Mangold, 1995, S. 51-69, S. 61; *Garrido* (oben Fn. 68), IIR 1998, 79, 87 f.; *Kayser*, A Study of the European Convention on Insolvency Proceedings, IIR 1998, 95, 125 f.; *Goode*, Security in Cross-Border Transactions, 1998 Texas International Law Journal 47, 51; *Drobnig*, Secured Credit in International Insolvency Proceedings, 1998 Texas International Law Journal 53, 67 f.

[81]So von *Flessner*, Internationales Insolvenzrecht in Deutschland nach der Reform, IPRax 1997, 1, 7 f.; *ders.*, Das künftige internationale Insolvenzrecht im Verhältnis zum Europäischen Insolvenzübereinkommen. Anwendbares Recht, Reichweite der Anerkennung, Insolvenzplan und Schuldbefreiung, in: Vorschläge und Gutachten zur Umsetzung des EU-Übereinkommens, Hrsg.: Hans Stoll, 1997, S. 219-231, S. 221 f.; *ders.*, Dingliche Sicherungsrechte nach dem Europäischen Insolvenzübereinkommen, in: Festschrift für Ulrich Drobnig, 1998, S. 277-287; wohl auch von *Prütting*, Aktuelle Entwicklungen des internationalen Insolvenzrechts, ZIP 1996, 1277, 1284; unklar: *Funke*, Das Übereinkommen über Insolvenzverfahren, InVo 1996, 170, 173; *Weinbörner* (oben Fn. 67), Rpfleger 1996, 494, 499; *Fidler*, A Small Step Forward? The Draft EU Bankruptcy Convention (1996) 1 JIBL 3, S. 5; ohne ausdrückliche Interpretation: *Spahlinger*, Sekundäre Insolvenzverfahren bei grenzüberschreitenden Insolvenzen, 1998, S. 251 und 256; *Strub* (oben Fn. 62), EuZW 1996, 71, 73; *Wimmer*, Die Besonderheiten von Sekundärinsolvenzverfahren unter besonderer Berücksichtigung des Europäischen Insolvenzübereinkommens, ZIP 1998, 982, 984; *Trautman/Westbrook/Gaillard*, Four Models for International Bankruptcy, 41 The American Journal of Comparative Law 573 (1993), S. 603 f.

um damit eine Einbeziehung von im Ausland befindlichen gesicherten Gegenständen zu erreichen,[82] wurde abgelehnt.[83] Der nachträgliche Versuch, durch Interpretation die lex rei sitae zur Anwendung zu bringen,[84] kann angesichts der Deutlichkeit des erläuternden Berichts zum EuInsÜ[85], der Begründung von § 390 Abs. 1 RegE[86], der inhaltlich der Regelung des Art. 5 EuInsÜ entspricht, und auch von Abs. 25 der Erwägungsgründe zur EuInsVO[87] nicht überzeugen. Zwar führt ebenso wie die Lösung der EuInsVO auch die Geltung der lex rei sitae zum Schutz des Wirtschaftsverkehrs im Staat der Belegenheit und zur Rechtssicherheit bezüglich der Rechte, die an diesen Vermögensgegenständen bestehen,[88] doch stellt der erläuternde Bericht klar, dass ein Zugriff auf im Ausland befindliche gesicherte Gegenstände lediglich durch ein Sekundärinsolvenzverfahren in diesem Staat möglich ist.[89] Hätte Art. 5 die lex rei sitae zur Anwendung bringen wollen, wäre kein Sekundärinsolvenzverfahren nötig, um auf Sicherungsrechte zugreifen zu können.

---

[82]*Drobnig*, Bemerkungen zur Behandlung der Rechte Dritter, insbesondere von Sicherungsrechten (Artt. 3, 3a, 17, 17a VE), in: Stellungnahmen und Gutachten zur Reform des deutschen internationalen Insolvenzrechts, Hrsg. Hans Stoll, 1992, S. 177-182, 179 ff.

[83]Vgl. auch *Balz* (oben Fn. 66), ZIP 1996, 948, 950. Die von Balz benutzte Formulierung, der Vorschlag von Drobnig zielte darauf ab, Sicherungsrechte an Auslandsvermögen dem Insolvenzrecht des Belegenheitsortes zu unterwerfen, würde jedoch bedeuten, dass dieser die lex rei sitae bevorzugte, was nicht richtig ist. Drobnig spricht sich ausdrücklich für eine Kumulationslösung aus.

[84]*Flessner* (oben Fn. 81), in: Vorschläge und Gutachten zur Umsetzung des EU-Übereinkommens, Hrsg.: Hans Stoll, 1997, S. 219-231, S. 221 f.

[85]*Virgos/Schmit*, Erläuternder Bericht zu dem EU-Übereinkommen über Insolvenzverfahren, in: Vorschläge und Gutachten zur Umsetzung des EU-Übereinkommens, Hrsg.: Hans Stoll, 1997, S. 32-134, Nr. 97 f. Die delegierten Sachverständigen haben sich auf diesen Bericht geeinigt. Er wurde jedoch nicht förmlich beschlossen. Trotzdem wird er maßgebliche Bedeutung für die Auslegung des Übereinkommens und auch der EuInsVO haben. Vgl. *Balz*, The European Union Convention on Insolvency Proceedings, in: American Bankruptcy Law Journal, 1996, 485, 497 (Fn. 51). Auch Flessner selbst hat diese "Tendenz" des Erläuternden Berichts anerkannt: Vgl. *Flessner* (oben Fn. 80), in: Festschrift für Ulrich Drobnig, 1998, S. 277-287, S. 282.

[86]RegE InsO BR-Drucks. 1/92, S. 243 f.

[87]NZI 2000, 407.

[88]Flessner stellt auf diese Formulierung im erläuternden Bericht (Nr. 97) ab, um aus dem Wortlaut des EuInsÜ die Geltung der lex rei sitae ableiten zu können. *Flessner* (oben Fn. 81), in: Vorschläge und Gutachten zur Umsetzung des EU-Übereinkommens, Hrsg.: Hans Stoll, 1997, S. 219-231, S. 222.

[89]*Virgos/Schmitt* (oben Fn. 85), in: Vorschläge und Gutachten zur Umsetzung des EU-Übereinkommens, Hrsg.: Hans Stoll, 1997, S. 32-134, Nr. 98. Vgl. auch *Fletcher*, The Law Of Insolvency, 2nd ed., 1996, S. 775 f.

Auch die Deutung, das IPR des Lagestaates, in der Regel also auf dessen lex rei sitae, sei maßgeblich für die Behandlung der Sicherungsrechte in der Insolvenz,[90] kann nicht überzeugen. Die Grundnorm der EuInsVO ist Art. 4 Abs. 1.[91] Danach kommt, soweit das Übereinkommen nichts anderes bestimmt[92], für das Insolvenzverfahren und seine Wirkungen das Insolvenzrecht des Vertragsstaates, in dem das Verfahren eröffnet wird, also die lex fori concursus, zur Anwendung.

Das Verfahren erstreckt sich somit auch auf das in anderen Staaten belegene Vermögen[93], berührt jedoch aufgrund von Art. 5 nicht die dinglichen Rechte an Gegenständen.[94] Diese Unterscheidung ist wichtig, wenn ein Sicherungsgegenstand die mit dem dinglichen Recht gesicherte Forderung im Wert übersteigt. Der Gläubiger ist dann verpflichtet, einen überschüssigen Verkaufserlös wieder der Masse zuzuführen.[95]

Der Auffassung, Art. 5 sei nicht notwendig, um die von ihm beabsichtigte Wirkung, nämlich den Schutz des inländischen Rechtsverkehrs, herzustellen, da Art. 102 Abs. 1 EGInsO nur von einer "Erfassung des ausländischen Vermögens" spricht und nicht von "Wirkungserstreckung", wie in § 379 RegE InsO vorgesehen war[96], kann schon deshalb nicht gefolgt werden, weil nicht Art. 102 Abs. 1 EGInsO maßgeblich sein kann, sondern die Regelungen der EuInsVO, insbesondere Art. 4. Diese Norm verweist weitgehend alle Wirkungen des Insolvenzverfahrens auf die lex fori concursus.

Unabhängig von der insolvenzrechtlichen Behandlung ist die Frage zu beantworten, ob ein Sicherungsrecht überhaupt wirksam entstanden ist. Maßgeblich ist hier bei Sicherungsrechten an Sachen das Internationale

---

90 *Flessner* (oben Fn. 81), in: Festschrift für Ulrich Drobnig, 1998, S. 277-287, S. 283 f.

91 Vgl. auch *von Wilmowsky* (oben Fn. 42), EWS 1997, 295, 297.

92 Art. 5 schließt nicht die kollisionsrechtliche Grundregel aus, da sie keine Kollisionsnorm, sondern eine Sachnorm ist. So auch *v. Wilmowsky* (oben Fn. 42), EWS 1997, 295, 297; *Taupitz* (oben Fn. 80), ZZP 111 (1998), 315, 334; a.A. *Flessner* (oben Fn. 81), in: Festschrift für Ulrich Drobnig, 1998, S. 277-287, S. 283.

93 A.A. *v. Wilmowsky* (oben Fn. 42), EWS 1997, 295, 297. Zumindest ist die Aussage von einer "territorialen Aufteilung des Vermögens" missverständlich.

94 *Taupitz* (oben Fn. 80), ZZP 111 (1998), 315, 339. Ebenso *Flessner* (oben Fn. 81), in: Festschrift für Ulrich Drobnig, 1998, S. 277-287, S. 284 f. Die Konsequenzen, die dieser daraus zieht, sind jedoch nicht richtig. Diese Differenzierung sagt nichts über die Verwertungsbefugnis des Verwalters aus.

95 *Virgos/Schmitt* (oben Fn. 85), in: Vorschläge und Gutachten zur Umsetzung des EU-Übereinkommens, Hrsg.: Hans Stoll, 1997, S. 32-134, Nr. 99. Ebenso *Kayser* (oben Fn. 80), IIR 1998, 95, 127 f.

96 *Habscheid* (oben Fn. 68), S. 416.

Privatrecht des jeweiligen Ortes der Belegenheit der Sache.[97] In Deutschland, wie in vielen anderen Rechtsordnungen auch, gilt die lex rei sitae und kommt damit deutsches Recht zur Anwendung.[98] Die Anknüpfung an das Forderungsstatut ist differenzierter.[99]

b) Die Regelungen im einzelnen

aa) Art. 5 Abs. 1 EuInsVO

Art. 5 Abs. 1 EuInsVO[100] schränkt die Anwendung der EuInsVO gegenüber dinglichen Rechten ein. Art. 5 Abs. 1 führt aber nicht dazu, dass der Vermögensgegenstand, an dem ein Recht besteht, nicht der lex fori concursus gemäß Art. 4 Abs. 1 unterliegt. Lediglich das Recht selbst darf von der lex fori concursus nicht beeinträchtigt werden.

Art. 5 Abs. 1 stellt mehrere Bedingungen auf: Es muss sich um ein dingliches Recht eines Gläubigers oder eines Dritten handeln. Das Recht muss an körperlichen oder unkörperlichen, beweglichen oder unbeweglichen Gegenständen des Schuldners bestehen. Ferner wird eine zeitliche und eine örtliche Festlegung getroffen.[101]

aaa) Dingliches Recht eines Gläubigers oder eines Dritten

Eine Definition des Begriffes "Dingliches Recht" geschieht im folgenden Abs. 2. Es muss sich um ein dingliches Recht eines Gläubigers oder eines Dritten handeln. Der damit umgrenzte Personenkreis schließt lediglich die Person des Schuldners aus. Dies führt dazu, dass die dem deutschen Recht bekannte Eigentümergrundschuld nicht erfasst ist.

---

[97] *Wunderer* (oben Fn. 80), WM 1998, 793, 798; *Gottwald* (oben Fn. 80), S. 33; *Taupitz* (oben Fn. 80), ZZP 111 (1998), 334 f.

[98] *von Bar*, Internationales Privatrecht, Zweiter Band, Besonderer Teil, 1991, Rn. 747; *Kegel*, Internationales Privatrecht, 7. A., 1995, § 19 I; *Kropholler*, Internationales Privatrecht, 3. A., 1997, § 54 I.

[99] Einzelheiten vgl. bei *Kegel* (oben Fn. 98), § 18 I.

[100] Art. 5 Abs. 1 EuInsVO lautet: Das dingliche Recht eines Gläubigers oder eines Dritten an körperlichen oder unkörperlichen, beweglichen oder unbeweglichen Gegenständen des Schuldners - sowohl an bestimmten Gegenständen als auch an der Mehrheit von nicht bestimmten Gegenständen mit wechselnder Zusammensetzung -, die sich zum Zeitpunkt der Eröffnung des Insolvenzverfahrens im Gebiet eines anderen Mitgliedstaates befinden, wird von der Eröffnung des Verfahrens nicht berührt.

[101] Vgl. auch *Kayser* (oben Fn. 80), IIR 1998, 95, 128; sowie *Fletcher*, The European Union Convention on Insolvency Proceedings: Choice-of-Law Provisions, 1998 Texas International Law Journal 119, 129.

Die EuInsVO trifft keine Regelung über die wirksame Entstehung bzw. Geltung eines Rechts.

bbb) Körperlichkeit und Beweglichkeit

Körperliche Gegenstände sind nach deutschem Recht Sachen, unkörperliche Gegenstände Rechte, bewegliche Gegenstände sind Mobilien und Forderungen, unbewegliche Gegenstände sind Immobilien. Im deutschen Recht wäre eine solche Aufzählung nicht notwendig gewesen, da die Definition alle Gegenstände umfaßt. Die Adjektive haben insofern nur deklaratorischen Charakter. Die Einfügung, dass auch Rechte an einer Mehrheit von nicht bestimmten Gegenständen mit wechselnder Zusammensetzung erfasst sind, stellt klar, dass auch die floating charge des englischen Rechts als Sicherungsrecht erfasst werden soll.

ccc) Zeitliche Festlegung

Die erwähnte Einschränkung der Rechtsgeltung beschränkt sich in zeitlicher Hinsicht auf Gegenstände, die sich zum Zeitpunkt der Eröffnung des Insolvenzverfahrens im Gebiet eines anderen Vertragsstaats befinden. Damit erfasst die Einschränkung nicht Gegenstände, die sich bei Bestellung eines dinglichen Rechts, oder ebenfalls solche Gegenstände nicht, die sich zum Zeitpunkt der Stellung des Antrags auf Eröffnung eines Insolvenzverfahrens im Ausland befunden haben, jedoch vor Eröffnung des Verfahrens ins Inland verbracht wurden. Dagegen werden auch solche Gegenstände erfasst, die während des Insolvenzeröffnungsverfahrens ins Ausland, oder solche, die nach Insolvenzeröffnung ins Inland verbracht werden.

ddd) Örtliche Festlegung

In örtlicher Hinsicht beschränkt sich die Einschränkung auf Gegenstände, die sich in einem anderen Vertragsstaat befinden. Außer den Gegenständen, die im Staat der Eröffnung des Insolvenzverfahrens belegen sind, betrifft diese Einschränkung ebenso nicht die Gegenstände, die sich außerhalb der Mitgliedsstaaten der Europäischen Union befinden. Letzteres bedeutet, dass die EuInsVO Sicherungsrechte an Gegenständen, die sich außerhalb des Geltungsbereichs der Verordnung[102] befinden, nicht vor der universellen Geltung

[102]Der Geltungsbereich der EuInsVO stimmt nicht mit den EU-Mitgliedstaaten überein. Das Vereinigte Königreich, Irland und Dänemark hatten in Protokollen zum EGV erklärt, dass ihnen gegenüber keine unmittelbare Wirkung dieser Verordnung besteht. Das Vereinigte Königreich und Irland haben gemäß Abs. 32 der Erwägungsgründe zur EuInsVO mitgeteilt,

eines innerhalb des Geltungsbereichs eröffneten Verfahrens schützt. Dies ist insofern konsequent, als es Aufgabe des dortigen Rechts ist, Einschränkungen der Wirkung ausländischer Verfahren festzuschreiben.

bb) Art. 5 Abs. 2 EuInsVO

Abs. 2[103] beschreibt nicht abschließend einzelne Rechte, die unter Abs. 1 fallen. Darin sind die Sicherungsrechte des deutschen Rechts enthalten.[104] Die Grundpfandrechte, das Pfandrecht an beweglichen Sachen und die Sicherungsübereignung lassen sich unter a) subsumieren. Das Pfandrecht an Rechten und Sicherungsabtretung finden sich unter b) wieder. Die Punkte c) und d) betreffen das Eigentum und den Nießbrauch.

cc) Art. 5 Abs. 3 EuInsVO

Art. 5 Abs. 3 EuInsVO[105] ist für das deutsche Recht von großer Bedeutung. Sie setzt das Institut der Vormerkung einem dinglichen Recht gleich.[106] Damit wird die Wirkung von Abs. 1, auch auf noch nicht bestehende dingliche Rechte ausgeweitet. Diese Regelung ist für das deutsche Recht konsequent, da es der Einordnung der Vormerkung im deutschen Recht entspricht.[107]

---

dass sie sich an der Annahme und Anwendung dieser Verordnung beteiligen möchten. Gegenüber Dänemark besitzt die EuInsVO gemäß Abs. 33 der Erwägungsgründe zur EuInsVO keine Wirkung. Vgl. auch *Heß* (oben Fn. 53), NJW 2000, 23, 28.

[103] Art. 5 Abs. 2 EuInsVO lautet: Rechte im Sinne von Abs. 1 sind insbesondere: a) das Recht, den Gegenstand zu verwerten oder verwerten zu lassen und aus dem Erlös oder den Nutzungen dieses Gegenstands befriedigt zu werden, insbesondere aufgrund eines Pfandrechts oder einer Hypothek; b) das ausschließliche Recht, eine Forderung einzuziehen, insbesondere aufgrund eines Pfandrechts an einer Forderung oder aufgrund einer Sicherheitsabtretung dieser Forderung; c) das Recht, die Herausgabe des Gegenstands von jedermann zu verlangen, der diesen gegen den Willen des Berechtigten besitzt oder nutzt; d) das dingliche Recht, die Früchte eines Gegenstands zu ziehen.

[104] Zur Vormerkung vgl. Art. 5 Abs. 3 EuInsVO, zum Eigentumsvorbehalt vgl. Art. 7 EuInsVO.

[105] Art. 5 Abs. 3 EuInsVO lautet: Das in einem öffentlichen Register eingetragene und gegen jedermann wirksame Recht, ein dingliches Recht im Sinne von Absatz 1 zu erlangen, wird einem dinglichen Recht gleichgestellt.

[106] *Balz* (oben Fn. 66), ZIP 1996, 948, 950.

[107] Art. 106 Abs. 1, Satz 1 InsO.

dd) Art. 5 Abs. 4 EuInsVO

Abs. 4[108] regelt den Vorrang von Art. 4 Abs. 2 Buchst. m gegenüber Art. 5 Abs. 1. Zweck der Norm ist es, Rechtshandlungen, die die Gesamtheit der Gläubiger benachteiligen, nichtig erklären, anfechten oder relativ unwirksam erklären zu können, wenn dies die lex fori concursus zulässt. Art. 5 Abs. 1 schützt jedoch gerade Rechte einzelner gegen die Gläubigergesamtheit. Möchte die EuInsVO die Regelungsabsicht von Art. 5 Abs. 1 bewahren, so ist Abs. 4 restriktiv auszulegen, da der Schutz einzelner Gläubiger immer zu Lasten der Gläubigergesamtheit führt.

ee) Art. 7 Abs. 1 EuInsVO

Art. 7 Abs. 1 EuInsVO[109] trifft eine Regelung für den häufigen Fall des Käuferkonkurses. Danach sollen die Rechte des Verkäufers aus einem Eigentumsvorbehalt von der Eröffnung eines Insolvenzverfahrens unberührt bleiben. Der Eigentumsvorbehalt wird damit ebenso wie die in Art. 5 genannten Sicherungsrechte behandelt.[110] Die zeitliche und örtliche Festlegung der Norm entspricht der Regelung in Art. 5 Abs. 1.[111]

ff) Art. 7 Abs. 2 EuInsVO

Art. 7 Abs. 2 EuInsVO[112] betrifft den Verkäuferkonkurs. Auch hier wird weder eine kollisionsrechtliche Regelung noch eine Einschränkung der Geltung der lex fori concursus vorgenommen. Es wird im Gegenteil eine Sachnorm formuliert, die jedoch lediglich in grenzüberschreitenden Fällen zur Anwendung kommen soll. Ziel der Regelung ist es, dass der Käufer einer Sache nach Erfüllung von aufschiebenden Bedingungen, in der Regel der Zahlung des Kaufpreises,

---

[108] Art. 5 Abs. 4 EuInsVO lautet: Abs. 1 steht der Nichtigkeit, Anfechtbarkeit oder relativen Unwirksamkeit einer Rechtshandlung nach Art. 4 Abs. 2 Buchst. m nicht entgegen.

[109] Art. 7 Abs. 1 EuInsVO lautet: Die Eröffnung eines Insolvenzverfahrens gegen den Käufer einer Sache lässt die Rechte des Verkäufers aus einem Eigentumsvorbehalt unberührt, wenn sich die Sache zum Zeitpunkt der Eröffnung des Verfahrens im Gebiet eines anderen Mitgliedstaats als dem der Verfahrenseröffnung befindet.

[110] Ob damit eine Einordnung des Eigentumsvorbehalts als Sicherungsrecht vorgenommen werden sollte, kann dahinstehen, da er als solches behandelt wird.

[111] Vgl. die Darstellung zu Art. 5 oben.

[112] Art. 7 Abs. 2 EuInsVO lautet: Die Eröffnung eines Insolvenzverfahrens gegen den Verkäufer einer Sache nach deren Lieferung rechtfertigt nicht die Auflösung oder Beendigung des Kaufvertrags und steht dem Eigentumserwerb des Käufers nicht entgegen, wenn sich diese Sache zum Zeitpunkt der Verfahrenseröffnung im Gebiet eines anderen Mitgliedstaats als dem der Verfahrenseröffnung befindet.

Eigentum an der Sache erlangen kann. Den gleichen Rechtszustand möchte im autonomen deutschen Recht § 107 Abs. 1, Satz 1 InsO herstellen.

gg) Art. 7 Abs. 3 EuInsVO

Art. 7 Abs. 3 EuInsVO[113] entspricht Art. 5 Abs. 4.[114]

c) Die Konsequenz der Regelung von Art. 5 Abs. 1 und Art. 7 Abs. 1 EuInsVO unter Berücksichtigung von Art. 4 EuInsVO

Art. 5 Abs. 1 und Art. 7 Abs. 1 stellen keine Kollisionsnormen dar. Damit wird die Regelung des Art. 4 nicht von einem anderen Statut abgelöst bzw. eingeschränkt. Insolvenzspezifische Einschränkungen im Ausland befindlicher Sicherungsrechte unterliegen also auch der lex fori concursus.

Art. 5 Abs. 1 und Art. 7 Abs. 1 stellen Sachnormen dar, die auf das Recht des Staates der Verfahrenseröffnung, die lex fori concursus, einwirken. Die EuInsVO schreibt den nationalen Rechtsordnungen der Mitgliedsstaaten vor, dass sie bei Insolvenzverfahren im Inland keine Regelungen vorsehen dürfen, die Sicherungsrechte, die in anderen EG-Staaten belegen sind, die unter diese Verordnung fallen, einschränken könnten.[115] Anders als Sicherungsrechte, die im Inland belegen sind, werden solche, die in anderen EG-Staaten, in denen die Verordnung gilt[116], belegen sind, damit privilegiert.[117] Diese Konsequenz wäre auch dann gegeben, wenn sich die EuInsVO für die Geltung der lex rei sitae für im Ausland befindliche Sicherungsrechte entschieden hätte.

Anders als bei Geltung der lex rei sitae gelten jedoch auch nicht die Einschränkungen der Rechtsordnung, in der das Sicherungsrecht belegen ist, da die EuInsVO diese Rechtsordnung erst gar nicht zur Anwendung bringt. Die EuInsVO bleibt kollisionsrechtlich bei der Geltung von Art. 4 Abs. 1. In anderen

---

[113]Art. 7 Abs. 3 EuInsVO lautet: Die Absätze 1 und 2 stehen der Nichtigkeit, Anfechtbarkeit oder relativen Unwirksamkeit einer Rechtshandlung nach Art. 4 Abs. 2 Buchst. m nicht entgegen.

[114]Vgl. die Darstellung oben unter dd).

[115]*v. Wilmowsky* (oben Fn. 42), EWS 1997, 295, 297. Bei Geltung der EuInsVO müssen die EG-Mitgliedsstaaten insoweit ihre bestehende Rechtsordnung abändern oder nicht mehr anwenden.

[116]Im Folgenden sind mit EG-Staaten jeweils nur die Staaten gemeint, in denen die EG-Verordnung gilt, die EuInsVO gilt nicht in Dänemark, vgl. Abs. 33 der Erwägungsgründe.

[117]So sieht das deutsche Recht für nationale Insolvenzfälle vor, dass Absonderungsrechte in das Insolvenzverfahren einbezogen werden (§§ 50 f. InsO). Eine solche Regelung wäre für im Ausland befindliche Sicherungsrechte nach der EuInsVO nicht zulässig.

EG-Staaten befindliche Sicherungsrechte dürfen somit weder durch die lex fori concursus, noch durch die lex rei sitae eingeschränkt werden. Damit werden Sicherungsrechte in der Regel dann besser geschützt, wenn Insolvenzverfahren nicht in dem Staat eröffnet werden, in dem das Recht belegen ist, sondern in anderen EG-Staaten.

II. Prüfung

Angesichts der etwa zeitgleichen Entwicklung des neuen deutschen Insolvenzrechts und der EuInsVO stellt sich die Frage, ob die EuInsVO mit dem nun geltenden deutschen Recht vereinbar ist, ohne dass dabei Prinzipien des deutschen Rechts verletzt werden. Schließlich soll das Internationale Insolvenzrecht gewährleisten, dass die Regelungsziele des Insolvenzrechts auch in grenzüberschreitenden Insolvenzsachverhalten gelten.[118] Im folgenden sollen die Regelungen der EuInsVO an den drei genannten Prinzipien des deutschen Insolvenzrechts gemessen werden.

1. Neutralität

Die EuInsVO spricht sich in ihrem Wortlaut weder für eine Bevorzugung der Option der Fortführung noch der Option der Beendigung aus. Es ist jedoch zu untersuchen, ob nicht einzelne Regelungen zu einer Bevorzugung einer Option führen und damit der Neutralität widersprechen. Dies soll hier anhand von Art. 5 Abs. 1 und Art. 7 Abs. 1 EuInsVO erfolgen.

a) Die Option der Fortführung

Die Sanierung des Schuldners in einem grenzüberschreitenden Verfahren kann auf verschiedene Art und Weise geschehen. Die umfassendste Form einer Sanierung ist der Erhalt aller Unternehmensteile unabhängig von ihrer Lage in verschiedenen Staaten. Ferner ist eine unabhängige Sanierung von Unternehmensteilen jeweils innerhalb eines Staates oder nur eine Sanierung von einem Teil des Unternehmens und somit der Liquidation einzelner (ausländischer) Bereiche denkbar. Um festzustellen, ob die EuInsVO Neutralität gewährt, soll hier von dem weitestgehenden Fall ausgegangen werden, der vollständigen Sanierung ohne eine Zerteilung des Unternehmens. Was für diesen Fall gilt, gilt auch für Fälle eingeschränkter Sanierung.

Nach der EuInsVO ist eine Einbeziehung von im Ausland belegenen Sicherungsrechten nur mit Hilfe von Sekundärverfahren möglich. Die Einbeziehung ist

---

118 *Trunk* (oben Fn. 1), S. 12.

erforderlich, da hier davon ausgegangen werden muss, dass alle zum Unternehmensbetrieb benötigten Gegenstände zusammengehalten, d.h. einer Veräußerung entzogen werden müssen. Dies ist nicht gewährleistet, wenn Sicherungsgläubiger außerhalb des Insolvenzverfahrens eine Verwertungsbefugnis über die gesicherten Gegenstände behalten.

Ob durch die Einbeziehung von Sicherungsrechten mit Hilfe von Sekundärverfahren die Neutralität erreicht wird, hängt vom Umfang der Möglichkeit der Eröffnung von Sekundärinsolvenzverfahren und von der Abstimmung zwischen den Haupt- und Sekundärinsolvenzverfahren ab.

aa) Niederlassungserfordernis gemäß Art. 3 Abs. 2 EuInsVO

Art. 3 Abs. 2 EuInsVO schreibt das Erfordernis einer Niederlassung im Staat der Eröffnung eines Sekundärinsolvenzverfahrens fest. Der Begriff der Niederlassung ist in Art. 2 Buchst. h definiert. Danach ist eine Niederlassung jeder Tätigkeitsort, an dem der Schuldner einer wirtschaftlichen Aktivität von nicht vorübergehender Art nachgeht, die den Einsatz von Personal und Vermögenswerten voraussetzt.

Das Niederlassungserfordernis war während der Beratungen des EuInsÜ umstritten.[119] Ein Teil der Mitgliedsstaaten hatte nachdrücklich dafür plädiert, territoriale Insolvenzverfahren bereits beim Vorliegen von Vermögenswerten in dem betreffenden Staat zuzulassen.[120] Eine Alternative war die Überlegung, ein besonderes Interesse der Gläubiger an der Eröffnung eines Sekundärverfahrens vorauszusetzen.[121] Die EuInsVO ist darauf nicht eingegangen.

Das Ziel, das sowohl mit dem Niederlassungserfordernis als auch mit dem besonderen Gläubigerinteresse verfolgt wurde, war die Begrenzung der Zahl von Sekundärverfahren, um die Einheit des Insolvenzverfahrens nicht zu sehr aufzuheben.

Die Niederlassungsdefinition in Art. 2 Buchst. h EuInsVO ist weit gefasst.[122] Trotzdem kann sie nicht gewährleisten, dass alle im Ausland belegenen Vermögensgegenstände in ein Insolvenzverfahren einbezogen werden. Fraglich

---

[119] Vgl. *Virgos/Schmit* (oben Fn. 85), in: Vorschläge und Gutachten zur Umsetzung des EU-Übereinkommens über Insolvenzverfahren im deutschen Recht, 1997, S. 32-135, Nr. 70 f.

[120] *Wimmer* (oben Fn. 81), ZIP 1998, 982, 985. Vgl. auch *Johnson* (oben Fn. 80), IIR 1996, 80, 105; *Taupitz* (oben Fn. 80), ZZP 1998, 315, 337 f.

[121] Regierungsbegründung zu § 396 Abs. 2 RegE InsO, in: BT-Drucks. 12/2443, S. 70.

[122] Sie unterscheidet sich jedoch von der des EuGVÜ. Kritisch dazu: *Lüke*, Das europäische internationale Insolvenzrecht, ZZP 1998, 275, 299.

ist, ob die Definition ausreicht, um diejenigen Gegenstände einzubeziehen, die zum Fortbestand der Einheit des insolventen Unternehmens erforderlich sind. Dies wäre dann der Fall, wenn die Niederlassungsdefinition zur Produktion bzw. zur Erbringung von Dienstleistungen benötigte Gegenstände erfassen würde, während sonstige Gegenstände, wie z.B. fertige Güter, nicht notwendig erfasst werden müssten. Dem Niederlassungsbegriff unterliegt zumindest jede Form von Betriebs- oder Produktionsstätte. Dagegen sind z.B. Montageorte nur von vorübergehender Art und unterliegen daher nicht der Definition, nach der eine Aktivität von nicht vorübergehender Art sein muss.[123] Ebenso verhält es sich mit unternehmenseigenen Verkehrsmitteln, die sich zum Zeitpunkt der Insolvenzeröffnung im Ausland befinden. Gleiches gilt für im Ausland erworbene Grundstoffe, die der Produktion dienen sollen. Die Niederlassungsdefinition trennt die erfassten Gegenstände also nicht danach, ob sie zur Aufrechterhaltung der Unternehmenseinheit notwendig sind oder nicht, sondern fiktiv nach dem Zufall, ob sie im gleichen Staat belegen sind, in der auch eine Niederlassung vorhanden ist, unabhängig davon, ob der Gegenstand am Ort der Niederlassung befindlich ist oder sich an einem anderen Ort innerhalb desselben Staates befindet.

Das Erfordernis einer Niederlassung wird zwar dazu beitragen, die Zahl von Sekundärverfahren zu begrenzen, da es in der Regel weniger Niederlassungen geben wird als Staaten, in denen sich Vermögensgegenstände befinden. Die Entscheidung, ob ein Gegenstand durch ein Sekundärverfahren eingebunden werden kann, ist jedoch dadurch dem Zufall einer gleichzeitig vorhandenen Niederlassung überlassen.

Es widerspricht der Entscheidung der EuInsVO, im Ausland befindliche Sicherungsrechte nur durch Sekundärverfahren einzubeziehen, wenn deren Zahl begrenzt bleiben soll, was durch das Niederlassungserfordernis geschehen soll.

bb) Antragsrecht gemäß Art. 29 EuInsVO

Das Antragsrecht regelt wie in jedem Insolvenzverfahren die lex fori concursus. Dies bestätigt Art. 4 Abs. 2. Die Regelung in Art. 29 besitzt insofern zum Teil lediglich deskriptiven Charakter, als sie unter Buchst. b auf das Recht des Mitgliedsstaates verweist, in dessen Gebiet das Sekundärinsolvenzverfahren eröffnet wird. Der Änderungantrag 3 des Ausschusses für Recht und Binnenmarkt im Europäischen Parlament, das Antragsrecht an die Zustimmung des Verwalters des Hauptinsolvenzverfahrens zu koppeln, wurde nicht in der EuInsVO berücksichtigt.

---

[123] Vgl. auch *Virgos/Schmit* (oben Fn. 85), in: Vorschläge und Gutachten zur Umsetzung des EU-Übereinkommens über Insolvenzverfahren im deutschen Recht, 1997, S. 32-135, Nr. 71.

Dagegen enthält Buchst. a eine Neuregelung. Danach steht dem Verwalter des Hauptinsolvenzverfahrens das Recht zu, die Eröffnung eines Sekundärinsolvenzverfahrens beantragen zu können.

Um eine Sanierung erfolgreich zu gestalten, muss es möglich sein, die Interessen des Hauptinsolvenzverfahrens durch Beantragung von Sekundärinsolvenzverfahren umzusetzen, wenn nur so auf im Ausland befindliche Sicherungsrechte zugegriffen werden kann. Fraglich ist, welche Personen das Antragsrecht ausüben dürfen sollten.

Trotz der Verschiedenheit der nationalen Rechtsordnungen wird in der Regel die lex fori concursus zumindest den Gläubigern des insolventen Schuldners ein Antragsrecht zuweisen. Diese Gläubiger haben das Recht, ihre Forderungen in mehreren Verfahren anzumelden. Dies ergibt sich aus den nationalen Rechtsordnungen und wird in Art. 32 Abs. 1 EuInsVO bestätigt. Damit haben die Gläubiger des Hauptinsolvenzverfahrens die Möglichkeit, ihr ggf. vorhandenes Interesse an der Eröffnung von Sekundärverfahren durch einen Antrag auf Eröffnung zum Ausdruck zu bringen.[124]

Ob daneben ein Antragsrecht des Verwalters im Hauptinsolvenzverfahren nötig ist, hängt von der Ausgestaltung des Hauptverfahrens ab. Unterliegt dieses Verfahren einer großen Gläubigerautonomie, so entscheidet die Gläubigergesamtheit über das Schicksal des Schuldners. Entscheidet man sich für eine Sanierung, so bedarf es nicht des Verwalters, der den Antrag auf Eröffnung stellen muss, da die Interessenlage der Gläubiger mit der Entscheidung des Hauptinsolvenzverfahrens übereinstimmt. Insofern wird sich aus der Zahl der Gläubiger ein Antragsteller finden. Sieht ein nationales Insolvenzrecht Sanierungsentscheidungen auch ohne den Gläubigerwillen vor, so ist die Antragstellung im Sinn des Hauptverfahrens durch Gläubiger nicht gewährleistet. Nur in diesem Fall wäre also ein Antragsrecht des Verwalters des Hauptverfahrens nötig. Die EuInsVO ermöglicht es insofern, die Wertentscheidungen der nationalen Gesetzgeber anzuerkennen.

Unter Beachtung der hier maßgeblichen Wertentscheidung des deutschen Rechts zugunsten der Neutralität wäre ein Verzicht auf ein Antragsrecht des Hauptinsolvenzverwalters jedoch konsequenter. Dies könnte zu einer gesteigerten Umsetzung des Neutralitätsgedankens auch in Staaten beitragen, in deren Rechtsordnungen heute weniger Gläubigerautonomie herrscht.

---

[124] Ebenso zu Art. 29 und 32 EuInsÜ auch *Habscheid*, Antrags- und Beteilungsrecht im gesonderten (Art. 102 III EGInsO) und im sekundären Insolvenzverfahren (Art. 27 ff. EuInsÜ), NZI 1999, 299, 301 ff.

cc) Kooperations- und Unterrichtungspflichten und Teilnahmerechte gemäß Art. 31 und 32 Abs. 3 EuInsVO

Gemäß Art. 31 Abs. 1 Satz 1 EuInsVO sind der Verwalter im Haupt- und die Verwalter in Sekundärinsolvenzverfahren zur gegenseitigen Unterrichtung verpflichtet. Satz 2 beschreibt einzelne Informationserfordernisse, wobei die Auflistung nicht abschließend ist.[125] Maßgeblich ist das Kriterium, ob diese Informationen für das andere Verfahren von Bedeutung sind.

Ergänzend regelt Art. 31 Abs. 2 die gegenseitige Zusammenarbeit, die die Unterrichtung wohl enthält, jedoch auch darüberhinausgehend Verpflichtungen beschreibt. Einzelheiten wird die Rechtsprechung entwickeln müssen.

Eine Konkretisierung der Zusammenarbeit ist in Art. 31 Abs. 3 geregelt. Dieser enthält das Recht des Hauptinsolvenzverwalters, im Sekundärverfahren Vorschläge für die Verwertung oder jede Art der Verwendung der Masse des Sekundärinsolvenzverfahrens zu unterbreiten. Ob diese Norm auch die Verteilung an Gläubiger umfassen soll, was zur Folge hätte, dass der Hauptinsolvenzverwalter einen eigenen Insolvenzplan vorlegen kann, kann dahinstehen, da dies in Art. 34 Abs. 1 ausdrücklich als Recht des Hauptinsolvenzverwalters genannt wird. Die systematische Zuordnung dieser Regelung innerhalb der EuInsVO ist jedoch unbefriedigend. Art. 34 regelt die Verfahrensbeendigung. Ferner haben die Insolvenzverwalter gemäß Art. 32 Abs. 3 das Recht, an Gläubigerversammlungen der anderen Verfahren teilzunehmen.

Einen unmittelbaren Einfluss auf die Gewährung von Neutralität haben die hier genannten Normen nicht, da der Hauptinsolvenzverwalter weiterhin von Entscheidungen im Sekundärverfahren abhängig bleibt.

dd) Aussetzung der Verwertung gemäß Art. 33 EuInsVO

Wichtiger für die Neutralität ist der Einfluss des Hauptinsolvenzverfahrens auf die Aussetzung der Verwertung, wie dies Art. 33 EuInsVO regelt. Nach Art. 33 Abs. 1, Satz 1, 1. Halbsatz EuInsVO setzt das Gericht, welches das Sekundärverfahren eröffnet hat, auf Antrag des Verwalters des Hauptinsolvenzverfahrens die Verwertung ganz oder teilweise aus. Der Entscheidung des Gerichts sind durch Satz 2 Grenzen gesetzt. Danach kann dieser Antrag nur

---

[125] Bei *Virgos/Schmit* (oben Fn. 85), in: Vorschläge und Gutachten zur Umsetzung des EU-Übereinkommens über Insolvenzverfahren im deutschen Recht, 1997, S. 32-135, Nr. 230, sind weitere Einzelheiten exemplarisch dargestellt.

abgelehnt werden, wenn die Aussetzung offensichtlich für die Gläubiger des Hauptinsolvenzverfahrens nicht von Interesse ist.

Diese Norm betont die Dominanz des Hauptinsolvenzverfahrens und ermöglicht die Durchsetzung einer Sanierungsentscheidung.[126] Dass der Antrag nur bei gegenteiligem Interesse der Gläubiger im Hauptinsolvenzverfahren abgelehnt werden kann, betont die Förderung der Gläubigerautonomie durch die EuInsVO. In nationalen Insolvenzverfahren, die wie die Insolvenzordnung bereits eine umfangreiche Gläubigerautonomie kennen, wird es hingegen kaum zu einem Auseinanderfallen von Verwalterantrag und Gläubigerinteresse kommen.

Die Regelung des Art. 33 Abs. 1 wird jedoch von seinem Absatz 2 wieder stark relativiert.[127] Dieser regelt die Aufhebung der Aussetzung der Verwertung. Dass dies auf Antrag des Verwalters des Hauptinsolvenzverfahrens (erster Spiegelstrich) erfolgen muss, ist konsequent. Bedeutsam ist jedoch der zweite Spiegelstrich: Danach wird von Amts wegen aufgehoben, wenn das Interesse der Gläubiger im Hauptinsolvenzverfahren oder der Gläubiger im Sekundärinsolvenzverfahren dies nicht mehr rechtfertigen.[128] Hier wird nicht mehr allein auf das Interesse der Gläubiger des Hauptinsolvenzverfahrens abgestellt, sondern das Interesse der Gläubiger im Sekundärinsolvenzverfahren gleichgestellt.[129] Würde man unterstellen, dass sämtliche Gläubiger in allen Verfahren mit ihren Forderungen angemeldet sind, so läuft diese Regelung ins Leere. Interessant wird es dann, wenn sich die Gläubigergruppen unterscheiden. Nun könnte es dazu kommen, dass die Interessen der Gläubiger im Haupt- und der im Sekundärverfahren auseinanderfallen und die Konsequenz der Regelung des Abs. 2, 2. Spiegelstrich deutlich würde. Dann nämlich könnten Gläubiger des Sekundärverfahrens im Interesse ihrer gesicherten Forderungen einen Sanierungsversuch der Gläubiger im Hauptinsolvenzverfahren verhindern, indem sie die Aussetzung der Sanierung beenden und einen Teil der Unternehmensgegenstände veräußern.[130]

---

[126] Vgl. auch *Wimmer* (oben Fn. 81), ZIP 1998, 982, 988; *Weinbörner*, Das neue Insolvenzrecht mit EU-Übereinkommen, 1997, S. 217; *Garrido* (oben Fn. 68), IIR 1998, 79, 83 f.; Wimmer, Weinbörner und Garrido setzen sich jedoch nicht mit Aufhebung der Verwertungsaussetzung von Amts wegen auseinander.

[127] Vgl. *Johnson* (oben Fn. 80), IIR 1996, 80, 103; *Rajak*, European Cross Border Insolvency Developments, in: European Corporate Insolvency, Editor: Rajak, Harry, Horrocks, Peter, Bannister, Joe, 2. A., 1995, S. 1-20, S. 11.

[128] Antragsberechtigt ist jeder Gläubiger sowie der Verwalter im Sekundärinsolvenzverfahren.

[129] Ebenso: *Virgos/Schmit* (oben Fn. 85), in: Vorschläge und Gutachten zur Umsetzung des EU-Übereinkommens über Insolvenzverfahren im deutschen Recht, 1997, S. 32-135, Nr. 247.

[130] Ähnlich auch *Bogdan*, The EU Bankruptcy Convention, IIR 1997, 114, 125 f.

Die Neutralität der EuInsVO ist dann gefährdet, wenn kleine Gläubigergruppen eine Sanierungsentscheidung der Gläubigermehrheit verhindern können. Solange man davon ausgeht, dass durch die Anmeldung in mehreren Verfahren bereits durch die Verwalter (Art. 32 Abs. 2) die Gläubigerinteressen in den Verfahren identisch sind, so besteht keine Gefahr. Hier wird die Insolvenzpraxis zeigen, ob Art. 33 Abs. 2 EuInsVO nicht dann besser gefasst wäre, wenn lediglich auf das Interesse der Gläubiger im Hauptinsolvenzverfahren oder gar auf die Gläubigergesamtheit des Schuldners abzustellen wäre.

ee) Verfahrensbeendende Maßnahmen gemäß Art. 34 EuInsVO

Art. 34 Abs. 1, Satz 1 EuInsVO gewährt dem Verwalter im Hauptinsolvenzverfahren u.a. das Recht, einen Sanierungsplan vorzulegen, wenn das Recht, dem das Sekundärinsolvenzverfahren unterliegt, dieses Instrument kennt. Diese Norm fördert die Einheit der Verfahren. Sie macht jedoch deutlich, dass Neutralität nie gewährt werden kann, wenn ein Sekundärverfahren in einem Staat eröffnet wird, dessen Recht kein Sanierungsverfahren kennt.

Abs. 2 stellt klar, dass Entscheidungen des Sekundärverfahrens im Sanierungsfall nur dann das nicht vom Sekundärverfahren erfasste Vermögen beeinträchtigen, wenn alle betroffenen Gläubiger der vorgeschlagenen Maßnahme zustimmen.[131]

Ein Sanierungsplan wird immer gestaltend auf die Vermögensverhältnisse des Schuldners einwirken. Daraus folgt, dass jedes Recht eines Gläubigers gegen den Schuldner von dieser Entscheidung betroffen sein wird. Dies hat wiederum zur Folge, dass in der Regel jede Sanierungsentscheidung im Sekundärverfahren der Zustimmung aller Gläubiger bedarf, auch derer, die nicht im Sekundärverfahren angemeldet sind.[132]

Die EuInsVO erwähnt jedoch kein Obstruktionsverbot, wie dies in § 245 InsO vorgesehen ist. Die Sachregelung des Art. 34 Abs. 2 EuInsVO führt somit dazu, dass im Rahmen dessen Geltungsbereichs nationale Regelungen, die ein Obstruktionsverbot kennen, nicht anwendbar sind. Damit werden Sanierungsentscheidungen in Sekundärverfahren oftmals nicht durchführbar sein, da es in

---

[131] Vgl. *Taupitz* (oben Fn. 80), ZZP 1998, 315, 348.

[132] Die EuInsVO entspricht insoweit der deutschen Rechtslage. Vgl. *Wolf*, Erlöschen von Kreditsicherheiten Dritter nach US-amerikanischem Insolvenzrecht und Wirkungsanerkennung im Inland, IPRax 1999, 444; siehe auch *Braun*, Das Obstruktionsverbot in der Praxis, Ein überzeugender Start, NZI 1999, 473.

der Regel Gläubiger geben wird, die die Sanierungsentscheidung nicht mittragen, auch wenn sie bei einer Liquidation nicht besser gestellt sind.[133]

ff) Partikularverfahren gemäß Art. 36 EG-Verordnung

Wird zunächst ein Partikularverfahren gemäß Art. 3 Abs. 2 eröffnet, bevor ein Hauptinsolvenzverfahren gemäß Art. 3 Abs. 1 eröffnet wird, so gelten die Regelungen für Sekundärverfahren (Art. 31-35) für das zuerst eröffnete Verfahren. Damit ist das Verhältnis des Hauptinsolvenzverfahrens zum Partikular- (Sekundär-) verfahren identisch mit der Situation bei umgekehrter Eröffnungsfolge, wie sie oben dargestellt ist. Probleme können nur dann entstehen, wenn sich das zuerst eröffnete Verfahren bereits in einem späteren Stadium befindet.[134]

b) Die Option der Beendigung

Die Option der Beendigung setzt keine so hohen Anforderungen an die EuInsVO zur Gewährung von Neutralität. Grundsätzlich sind Sekundärverfahren Liquidationsverfahren. Dies schreibt Art. 3 Abs. 3 EuInsVO vor. Damit kann eine solche Entscheidung des Hauptinsolvenzverfahrens in der Regel auch im Sekundärverfahren umgesetzt werden. Solange ebenfalls gewährleistet ist, dass das Gläubigerinteresse die maßgebliche Entscheidung des Hauptverfahrens prägt, kann auch nicht durch Antrag des Verwalters des Hauptinsolvenzverfahrens ein anderer Wille als Antrag gemäß Art. 33 EuInsVO zum Ausdruck gebracht werden.

Ferner sind noch zwei Normen von Bedeutung. Gemäß Art. 34 Abs. 1, Satz 2 kann ein Sekundärverfahren nur dann mit einer Sanierungsentscheidung beendet werden, wenn der Hauptinsolvenzverwalter zustimmt oder die finanziellen Interessen der Gläubiger des Hauptinsolvenzverfahrens durch die vorgeschlagene Maßnahme nicht beeinträchtigt wird. Die zweite Alternative hat den Charakter eines Obstruktionsverbots. Ein Verstoß gegen das Prinzip der Neutralität besteht darin jedoch nicht.

Gemäß Art. 37 EuInsVO kann der Verwalter des Hauptinsolvenzverfahrens im Fall eines zunächst eröffneten Partikularverfahrens beantragen, dass dieses in ein

---

[133] *Smid* gelangt zwar zur Anwendung deutschen Rechts. Im Ergebnis möchte jedoch auch er das Obstruktionsverbot des deutschen Rechts nicht anwenden. Vgl. *Smid*, Das Deutsche Internationale Insolvenzrecht und das Europäische Insolvenz-Übereinkommen, DZWir 1998, 432, 437.

[134] *Virgos/Schmit* (oben Fn. 85), in: Vorschläge und Gutachten zur Umsetzung des EU-Übereinkommens über Insolvenzverfahren im deutschen Recht, 1997, S. 32-135, Nr. 255.

Liquidationsverfahren umgewandelt wird, wenn dies im Interesse der Gläubiger des Hauptverfahrens ist. Auch hier bleibt letztlich die Gläubigerautonomie bestehen, wobei die EuInsVO auch hier die Entscheidung der Gläubiger des Hauptverfahrens als maßgeblich ansieht.

c) Bewertung

Die EuInsVO verstößt vor allem in drei Punkten gegen das Neutralitätsgebot, wie es das deutsche Recht kennt. Erschwert wird dadurch vor allem die Sanierung von Unternehmen. Das Niederlassungserfordernis in Art. 3 Abs. 2 EuInsVO, die Entscheidung der Gläubiger im Sekundärverfahren gemäß Art. 33 Abs. 2 EuInsVO über die Beendigung der Aussetzung der Verwertung und das fehlende Obstruktionsverbot in Art. 34 Abs. 2 EuInsVO sind die gröbsten Verstöße der EuInsVO. Es ist fraglich, ob trotz der Bemühung in manchen Normen, Neutralität zu gewährleisten, grenzüberschreitende Sanierungen erfolgreich durchgeführt werden können.

2. Gläubigergleichbehandlung

a) Das Nichteinbeziehen von im Ausland belegenen Sicherungsrechten und die Gläubigergleichbehandlung

Gemäß Art. 4 EuInsVO unterliegen alle Rechtsbeziehungen in der Insolvenz der lex fori concursus. Dies gilt für Sicherungsrechte, die im Staat der Eröffnung des Insolvenzverfahrens belegen sind, uneingeschränkt. Dies führt dazu, dass diese Sicherungsrechte entsprechend der nationalen Insolvenznormen dieses Staates einbezogen oder auch eingeschränkt werden können. Bei Eröffnung eines Verfahrens in Deutschland und damit der Anwendung deutschen Rechts hat dies die Einbeziehung von Absonderungsrechten in das Insolvenzverfahren zur Folge. Dies führt zur Beschränkung des Gläubigers in der Verwertungsentscheidung. Über einen Kostenbeitrag hinaus wird jedoch nach deutschem Recht kein Eingriff in die Vermögenswert der Sicherungsrechte vorgenommen.[135]

Dagegen werden Sicherungsrechte, die in einem anderen EG-Mitgliedsstaat als dem Eröffnungsstaat belegen sind, weder durch die lex fori concursus noch durch die lex rei sitae eingeschränkt. Diese Sicherungsrechte dürfen nicht in das Verfahren einbezogen werden. Es ist weder eine Einschränkung der Verwertungsrechte noch der Verteilungsrechte möglich. Daraus folgt, dass der Inhaber eines Rechts, das im EG-Ausland belegen ist, nie schlechter gestellt sein kann als der Inhaber eines Rechts im Inland. Er kann jedoch dann besser gestellt

---

[135] Vgl. *Obermüller*, Insolvenzrecht in der Bankpraxis, 5. A., 1997, S. 810 ff., S. 818 ff.

sein, wenn das Recht des Staates der Verfahrenseröffnung eine Einschränkung von Sicherungsrechten vornimmt, sei es die Verwertungs- oder die Verteilungsfrage betreffend. Nur wenn auch die lex fori concursus keinen Eingriff in die Sicherungsrechte vornimmt, führt die Regelung der EuInsVO in Art. 5 Abs. 1 oder Art. 7 Abs. 1 zu einer Gleichbehandlung von in- und ausländischen Gläubigern. Dieser Fall wird jedoch die Ausnahme sein.[136]

b) Die Einbeziehung durch Sekundärverfahren nach der EuInsVO

Die EuInsVO stellt in Art. 3 Abs. 3 EuInsVO die Möglichkeit bereit, neben dem Hauptverfahren Sekundärverfahren in anderen Staaten der EG zu eröffnen. Einzelheiten sind in den Art. 27-38 EG-Verordnung geregelt. Damit soll gewährleistet werden, dass auch im Ausland befindliche Sicherungsrechte in der Insolvenz des Schuldners in ein Verfahren einbezogen werden können, was ansonsten nicht möglich ist.

aa) Anwendbares Recht

Das Sekundärverfahren unterliegt gemäß Art. 4 EuInsVO wiederum der lex fori concursus.[137] Dies ist jedoch hier die Rechtsordnung des Staates, in der das Sekundärverfahren eröffnet wird. Damit wird es auch bei Einbeziehung von im Ausland belegenen Sicherungsrechten bei einer unterschiedlichen Behandlung der Sicherungsrechte im In- und Ausland bleiben. Dies wäre nur dann nicht der Fall, wenn die nationalen Insolvenzrechte der zwei oder mehr betroffenen Staaten Sicherungsrechte in der Insolvenz identisch behandeln, was kaum der Fall sein wird. Damit entsteht, was die Geltung der Rechtsordnungen angeht, bei der Einbeziehung von Sicherungsrechten durch Sekundärverfahren nach EuInsVO die gleiche Situation, wie bei der Geltung der lex rei sitae für Sicherungsrechte in Insolvenzverfahren, was ein Teil der deutschen Rechtslehre fordert.[138]

---

[136] Im spanischen Recht bleiben auch Pfandrechts- und Hypothekengläubiger zur Verwertung berechtigt. Jedoch können dort Sicherungsrechte durch eine rückwirkende Festsetzung der Konkurseröffnung betroffen werden. Vgl. *Jahn (Hrsg.)*, Insolvenzen in Europa, 3. A., 1998, S. 359.

[137] Art. 28 EuInsVO hat lediglich deklaratorischen Charakter und bestätigt Art. 4 EuInsVO.

[138] Frankfurter Kommentar-*Wimmer* (oben Fn. 10), Anhang I Rn. 33; Staudinger-*Stoll*, Kommentar zum Bürgerlichen Gesetzbuch, EGBGB/IPR, Internationales Sachenrecht, 13. Bearbeitung, 1996, Rn. 314; Münchener Kommentar-*Kreuzer*, BGB, Band 10, Einführungsgesetz zum Bürgerlichen Gesetzbuche (Art. 1-38), Internationales Privatrecht, 3. A., 1998, Nach Art. 38, Anh. I Rn. 113; *Hanisch*, Das Recht grenzüberschreitender Insolvenzen: Auswirkungen im Immobiliensektor, ZIP 1992, 1125, 1130.

bb) Sekundärverfahren und der Bezug zum Hauptverfahren

Neben der Frage des anwendbaren Rechts hängt die Gleichbehandlung von in- und ausländischen Gläubigern bei der Einbeziehung von Sicherungsrechten durch Sekundärverfahren auch von der Ausgestaltung des Sekundärverfahrens und der Verknüpfung von Haupt- und Sekundärverfahren ab.

Auch wenn Sicherungsgläubiger aufgrund der Geltung verschiedener Rechtsordnungen kaum gleichbehandelt werden dürften, ist es von großer Bedeutung, ob tatsächlich eine Einbeziehung von Sicherungsrechten durch Sekundärverfahren erfolgen kann, da eine Nichteinbeziehung in der Regel zu einer noch stärkeren Ungleichbehandlung führen wird, da Sicherungsrechte dann gar nicht eingeschränkt werden können.

Art. 29 EuInsVO gibt dem Verwalter des Hauptverfahrens das Recht, ein Sekundärverfahren zu beantragen. Daneben besteht Antragsrecht entsprechend der lex fori concursus des Sekundärverfahrens. Die Entscheidung, ob das Sekundärverfahren tatsächlich eröffnet wird, bleibt davon unberührt. Es gilt auch hier die lex fori concursus.

Eine wesentliche Einschränkung erfolgt jedoch durch Art. 3 Abs. 2 EG-Verordnung. Danach können Sekundärverfahren nur in Staaten eröffnet werden, in denen der Schuldner eine Niederlassung besitzt. Der Begriff der "Niederlassung", in Art. 2 Buchst. h definiert, ist zwar weit gefasst[139], trotzdem führt dieses Eröffnungskriterium zu einer Einschränkung des Zugriffs auf Sicherungsrechte. Sicherungsrechte, die in Staaten belegen sind, die keine Niederlassung des Schuldners aufweisen, können somit nicht eingeschränkt werden.[140] Die Regelung des Art. 5 Abs. 1 oder des Art. 7 Abs. 1 trifft hier mit voller Konsequenz.

c) Bewertung

Durch die Sachnormen des Art. 5 Abs. 1 und Art. 7 Abs. 1 EuInsVO wird das Gleichbehandlungsgebot in- und ausländischer Gläubiger missachtet, was nach Vorstellung der EuInsVO durch die Möglichkeit von Sekundärverfahren aufgefangen werden soll.[141]

---

[139] *Balz* (oben Fn. 66), ZIP 1996, 948, 949.

[140] *v. Wilmowsky* (oben Fn. 42), EWS 1997, 295, 298; *Soriano* (oben Fn. 80), in: Europäischer Binnenmarkt, Internationales Privatrecht und Rechtsvergleichung, Hrsg.: Peter Hommelhoff, Erik Jayme, Werner Mangold, 1995, S. 51-69, S. 62; Nerlich/Römermann-*Mincke* (oben Fn. 10), Art. 102 EGInsO Rn. 375.

[141] *Balz* (oben Fn. 66), ZIP 1996, 948, 950.

Dies kann jedoch nur insoweit gelingen, als aufgrund einer Niederlassung tatsächlich ein Sekundärverfahren eröffnet werden kann. Damit werden Inhaber von Sicherungsrechten, die in EG-Mitgliedsstaaten belegen sind, in denen der Schuldner keine Niederlassung besitzt, ohne sachlichen Grund bevorzugt.

In den Staaten, in denen Niederlassungen bestehen, bleibt es auch unter Geltung der EuInsVO bei der Geltung des Rechts, wie es von der Mehrheit der deutschen Rechtslehre[142] vertreten wird. Sowohl die Einführung von Sekundärverfahren als auch die Geltung der lex rei sitae für Sicherungsrechte in einem einheitlichen Verfahren führen zur Anwendung des Rechts der Belegenheit der Sache. Die Möglichkeit des Verwalters, nach der EuInsVO Sekundärverfahren zu beantragen, führt zur Angleichung des Rechts der EuInsVO an das deutsche Recht. Mit der fakultativen Möglichkeit, Sekundärverfahren zu eröffnen, bleibt das deutsche Recht jedoch flexibler.

Einen gleichen Zugriff auf im In- und Ausland belegene Sicherungsrechte wird jedoch nur möglich sein, wenn man mit einem Teil der deutschen Rechtslehre[143] auch Sicherungsrechte der lex rei concursus unterstellt. Die Anwendung dieser Auffassung würde unter Geltung der EuInsVO, anders als bei der jetzigen Rechtslage, ausgeschlossen sein.

3. Kein Eingriff in die Verteilungsrechte von Sicherungsrechten

Der von der Insolvenzordnung gewährte Schutz vor Eingriffen in die Verteilungsrechte von Sicherungsrechten[144] führt zu einem Schutz des Kreditverkehrs in Deutschland. Soll dieses Regelungsziel des Insolvenzrechts auch in Insolvenzsachverhalten mit Auslandsbezug gelten[145], so muss entweder durch eine kollisionsrechtliche Vorschrift sichergestellt werden, dass deutsches Recht zur Anwendung kommt, oder durch eine staatsvertragliche Sachnorm erreicht werden, dass das Regelungsziel des deutschen Rechts auch dann Geltung erlangt, wenn kollisionsrechtlich eine andere Rechtsordnung zur Anwendung käme.[146]

---

[142] Frankfurter Kommentar-*Wimmer* (oben Fn. 10), Anhang I Rn. 33; Staudinger-*Stoll* (oben Fn. 138), Rn. 314; Münchener Kommentar-*Kreuzer* (oben Fn. 138), Nach Art. 38, Anh. I Rn. 113; *Hanisch* (oben Fn. 138), ZIP 1992, 1125, 1130.

[143] Kuhn/Uhlenbruck-*Lüer*, Konkursordnung, Kommentar, 11. A., 1994, §§ 237, 238, Rn. 92; Jaeger-*Jahr*, Konkursordnung mit Einführungsgesetz, 8. A., 2. Band, 2. Halbband (§§ 208-244), 1973, §§ 237, 238 Rn. 350; *Favoccia*, Vertragliche Mobiliarsicherheiten im internationalen Insolvenzrecht, 1991, S. 24, 45 ff, 83 ff.

[144] RegE InsO BR-Drucks. 1/92, S. 78 f.

[145] Vgl. *Trunk* (oben Fn. 1), S. 12.

[146] Ferner bestünde die Möglichkeit der Rechtsvereinheitlichung des Insolvenzsachrechts.

Art. 5 Abs. 1 und Art. 7 Abs. 1 EuInsVO stellen Sachnormen dar, die zur Folge haben, dass keinerlei Eingriffe in im Ausland belegene Sicherungsrechte erfolgen können. Für im Inland belegene Sicherungsrechte gilt bei Eröffnung des Insolvenzverfahrens in Deutschland gemäß Art. 4 EuInsVO deutsches Recht. Die EuInsVO führt somit dazu, dass auch in Insolvenzverfahren mit Auslandsbezug in in Deuschland belegene Sicherungsrechte bezüglich der Insolvenzverteilung nicht eingegriffen werden kann.

Innerhalb des Geltungsbereichs der EuInsVO sind Eingriffe in Sicherungsrechte durch das Insolvenzverteilungsrecht nur möglich bezüglich der Rechte, die in einem Staat belegen sind, der Eröffnungsstaat des Verfahrens ist und dessen Rechtsordnung Eingriffe in das Verteilungsrecht von Sicherungsrechten vornimmt.

§ 6 Deutschland

I. Rechtslage

Deutschland besitzt kein umfassend normiertes Internationales Insolvenzrecht. Lediglich in Art. 102 EGInsO ist eine Regelung zum Internationalen Insolvenzrecht enthalten.[147] Art. 102 Abs. 1 EGInsO erkennt die Geltung des Universalitätsprinzips an. Dieser Grundsatz war bereits unter Geltung der Konkursordnung vom 10.2.1877[148] seit der sogenannten Wende-Entscheidung des BGH von 1985[149] anerkannt.[150] In Art. 102 Abs. 1 EGInsO sind fast identische Kriterien formuliert, wie sie bereits der BGH benannt hatte.[151] Eine Einschränkung des Universalitätsprinzips für Sicherungsrechte im Gesetzeswortlaut, wie in § 390 des Regierungsentwurfs zur Insolvenzordnung (RegE InsO)[152] vorgesehen, ist nicht enthalten.

Der Regierungsentwurf zur Insolvenzordnung sah in den §§ 379-399 Regelungen zum Internationalen Insolvenzrecht vor. Diese Regelungen wurden auf Beschluss des Rechtsausschusses des Deutschen Bundestages aus der Insolvenzordnung gestrichen. Begründet wurde dies mit der bevorstehenden Verabschiedung des

---

147 Vgl. die Besprechungen von *Lüer*, Deutsches Internationales Insolvenzrecht nach der neuen Insolvenzordnung, in: Kölner Schrift zur Insolvenzordnung, 2. A., 2000, S. 297-322 und *Gottwald*, Internationales Insolvenzrecht, in: 50 Jahre Bundesgerichtshof, Festgabe aus der Wissenschaft, Band III, 2000, S. 819-836.

148 RGBl. S. 351.

149 BGH, 11.7.1985, BGHZ 95, 265. Der BGH ist mit dieser Entscheidung von seiner bisherigen Auffassung abgewichen, wonach die Auslegung von § 237 KO dazu führte, dass zwischen in Deutschland und im Ausland eröffneten Verfahren differenziert wurde. Während erstere universelle Geltung erhalten sollten, sollte letztere territorial beschränkt bleiben. Vgl. Mentzel-*Kuhn*, KO, 7.A., 1962, § 237 Rn. 1.

150 Der BGH hat Kriterien aufgestellt, unter welchen Bedingungen ausländische Insolvenzverfahren in Deutschland anerkannt werden sollten. Er stellt damit in erster Linie auf die Zuständigkeit des ausländischen Gerichts und den deutschen ordre public ab. Die Entscheidung ist in der Lehre mit Zustimmung aufgenommen worden. Vgl. dazu *Ebenroth*, Die Inlandswirkungen der ausländischen lex fori concursus bei Insolvenz einer Gesellschaft, ZZP 101 (1988), 121; *Hanisch*, Die Wende im deutschen internationalen Insolvenzrecht, ZIP 1985, 1233; *Lau*, Zur Änderung der Rechtsprechung des Bundesgerichtshofs über die Wirkung des Auslandskonkurses im Inland, BB 1986, 1450; *Lüderitz*, Anmerkung zu BGH vom 11.7.1985, JZ 1986, 96; *Lüke*, Zur neueren Entwicklung im deutschen internationalen Konkursrecht, KTS 1986, 1; *Moltrecht*, Inlandsfolgen des ausländischen Konkursverfahrens, RIW 1986, 93; *Summ*, Anerkennung ausländischer Konkurse in der Bundesrepublik Deutschland, 1992, S. 30 ff.

151 BGH, 11.7.1985, BGHZ 95, 265; vgl. auch Baur-*Stürner* (oben Fn. 61), S. 432.

152 RegE InsO BR-Drucks. 1/92.

Europäischen Insolvenzübereinkommens.[153] Eine wesentliche Einschränkung des Universalitätsprinzips und damit eine Begrenzung der Geltung der lex fori concursus war in § 390 RegE InsO[154] vorgesehen. Mit dieser Regelung wurden bewegliche Sachen und Forderungen weder der lex fori concursus noch der lex rei sitae unterstellt.[155] Ziel der Regelung war es, den inländischen Kreditverkehr nicht durch im Ausland eröffnete Insolvenzverfahren zu beeinträchtigen.[156] Unbewegliche Sachen wurden durch § 390 RegE InsO der Kumulationslösung unterstellt. Dadurch gilt die lex fori concursus, wobei diese jedoch von den Regelungen der lex rei sitae begrenzt wird. Um die Wirkung von § 390 RegE InsO zu begrenzen, sah der Entwurf in § 396 Abs. 1 RegE InsO das Recht des ausländischen Insolvenzverwalters vor, einen Antrag auf Eröffnung eines Sonderinsolvenzverfahrens zu stellen, das in den §§ 393 ff. RegE InsO vorgesehen war.[157]

Diese Möglichkeit bleibt durch Art. 102 Abs. 3 EGInsO bestehen. Neben einem ausländischen Verfahren kann ein gesondertes Insolvenzverfahren über das Inlandsvermögen des Schuldners eröffnet werden.[158]

In Abs. 2 ist eine Regelung zur Insolvenzanfechtung, in Abs. 4 eine Sonderanknüpfung für Zahlungssysteme enthalten, die hier unberücksichtigt bleiben können.[159]

Der Gesetzgeber hat mit Schaffung der Insolvenzordnung keine Änderung der Rechtslage bei der Behandlung von Sicherungsrechten im Insolvenzverfahren mit Auslandsberührung herbeigeführt. Insofern ist von der Fortgeltung der Rechtslage unter der Konkursordnung auszugehen. Ob auf Regelungen des

---

[153] BT-Drucks. 12/7302, S. 143.

[154] § 390 RegE InsO lautet: Abs. 1: Das Recht eines Dritten an einem Gegenstand der Insolvenzmasse wird von der Eröffnung des ausländischen Insolvenzverfahrens nicht berührt, wenn der Gegenstand zur Zeit der Eröffnung im Inland belegen war. Abs. 2: Die Eröffnung des ausländischen Insolvenzverfahrens hat auf Rechte an unbeweglichen Gegenständen, die im Inland belegen sind, keine Wirkungen, die im deutschen Recht nicht vorgesehen sind.

[155] Vgl. die ablehnende Anmerkung von *Trunk*, Zur bevorstehenden Neuregelung des deutschen internationalen Insolvenzrechts, KTS 1994, 33, 42.

[156] RegE InsO BR-Drucks. 1/92, S. 243 f.

[157] Vgl. auch *Hanisch* (oben Fn. 138), ZIP 1992, 1125, 1132 f.

[158] So jetzt auch LG Stuttgart, 30.12.1999; *Mankowski*, Kurzkommentar, LG Stuttgart, EWiR Art. 102 EGInsO 1/2000, 523; kritisch zu Art. 102 Abs. 3 EGInsO *Lüer*, Art. 102 Abs. 3 EGInsO - eine verpaßte Chance, in: Insolvenzrecht in Wissenschaft und Praxis: Festschrift für Wilhelm Uhlenbruck zum 70. Geburtstag, 2000, S. 843-868.

[159] Vgl. dazu *Keller*, Die EG-Richtlinie 98/26 vom 19.5.1998 über die Wirksamkeit von Abrechnungen in Zahlungs- sowie Wertpapierliefer- und -abrechnungssystemen und ihre Umsetzung in Deutschland, WM 2000, 1269.

Regierungsentwurfs[160] oder gar auf solche des Europäischen Insolvenzübereinkommens bzw. der EuInsVO[161] zurückgegriffen werden kann, bleibt angesichts der Untätigkeit des Gesetzgebers in beiden Fällen eher zweifelhaft.[162] In der Literatur werden fünf Auffassungen über die Behandlung von Sicherungsrechten in der Insolvenz vertreten:

1. Geltung der lex fori concursus

Nach dieser Auffassung soll auch auf Sicherungsrechte, die im Ausland belegen sind, das Recht des Staates der Verfahrenseröffnung angewendet werden. Damit sollen alle Sicherungsrechte unabhängig von ihrer Belegenheit im In- oder Ausland einem Statut unterstellt werden, das über Verwertung und Verteilung der Sicherungsrechte entscheiden soll.[163]

2. Geltung der lex rei sitae

Nach dieser Auffassung, die als herrschende Meinung bezeichnet werden kann, soll das Recht des Staates, in dem ein Sicherungsrecht belegen ist, über die Verwertung und Verteilung dieses Rechts entscheiden. Die Behandlung von Sicherungsrechten erfolgt damit entsprechend ihrer jeweiligen Lage nach verschiedenen Rechtsordnungen.[164]

---

[160] So Frankfurter Kommentar-*Wimmer* (oben Fn. 10), Anhang I Rn. 273; Heidelberger Kommentar-*Kirchhof* (oben Fn. 10), Art. 102 EGInsO Rn. 3; Kübler/Prütting-*Kemper* (oben Fn. 10), Art. 102 EGInsO Rn. 100; a.A. *Smid* (oben Fn. 14), Art. 102 Rn. 4; *ders.* (oben Fn. 133), DZWir 1998, 432, 433.

[161] So BGH, 21.11.1996, NJW 1997, 657, 659; Frankfurter Kommentar-*Wimmer* (oben Fn. 10), Anhang I Rn. 273; *Smid* (oben Fn. 14), Art. 102 Rn. 5; Heidelberger Kommentar-*Kirchhof* (oben Fn. 10), Art. 102 EGInsO Rn. 3; Kübler/Prütting-*Kemper* (oben Fn. 10), Art. 102 EGInsO Rn. 100.

[162] Vgl. auch *Leipold*, Miniatur oder Bagatelle: das internationale Insolvenzrecht im deutschen Reformwerk 1994, in: Festschrift für Wolfram Henckel, 1995, S. 533-548, S. 538. Eine vergleichende Berücksichtigung bleibt sicherlich möglich, so auch *Prütting* (oben Fn. 81), ZIP 1996, 1277, 1279.

[163] Kuhn/Uhlenbruck-*Lüer* (oben Fn. 143), §§ 237, 238, Rn. 92; Jaeger-*Jahr* (oben Fn. 143), §§ 237, 238 Rn. 350; *Favoccia* (oben Fn. 143), S. 24, 45 ff, 83 ff.; Mohrbutter-*Wenner*, Handbuch der Insolvenzverwaltung, 7. A., 1997, Rn. XXIII.212; Gottwald-*Arnold*, Insolvenzrechts-Handbuch, 1990, § 122 Rn. 95; *Summ* (oben Fn. 149), S. 64 ff., S. 82 ff., S. 91 (ausdrücklich zum Verteilungsrecht); für den Inlandskonkurs auch: Nerlich/Römermann-*Mincke* (oben Fn. 10), Art. 102 EGInsO Rn. 183.

[164] Frankfurter Kommentar-*Wimmer* (oben Fn. 10), Anhang I Rn. 33; Staudinger-*Stoll* (oben Fn. 138), Rn. 314; Münchener Kommentar-*Kreuzer* (oben Fn. 138), Nach Art. 38, Anh. I Rn. 113; *Hanisch* (oben Fn. 138), ZIP 1992, 1125, 1130; für den Auslandskonkurs auch: Nerlich/Römermann-*Mincke* (oben Fn. 10), Art. 102 EGInsO Rn. 285.

3. Kumulationslösung

Nach der Kumulationslösung soll sich die Verwertung und Verteilung von Sicherungsrechten zunächst nach der lex fori concursus richten. Jedoch sollen nur solche Einschränkungen des im Ausland belegenen Sicherungsrechts zulässig sein, die auch nach der dortigen lex rei sitae zulässig wären.[165]

4. Geltung der lex fori concursus und des Schutzstatuts

Trennt man die Anknüpfung von Verwertungs- und Verteilungsfragen, so wird die Ansicht vertreten, dass es zweckmäßig sei, Verwertungsfragen nach der lex fori concursus und Verteilungsfragen nach dem Schutzstatut zu behandeln.[166] Unter dem Schutzstatut ist die Rechtsordnung zu verstehen, nach der für hilfsbedürftige Gläubigergruppen Eingriffe im Insolvenzverteilungsrecht vorgenommen werden.[167] Danach werden z.B. Verteilungsvorrechte für Arbeitnehmer nach der Rechtsordnung behandelt, das auf das Arbeitsverhältnis Anwendung findet.

5. Nicht Berühren von im Ausland belegenen Sicherungsrechten

In jüngster Zeit wird von einer Auffassung aufgrund der entsprechenden Regelung der EuInsVO auch für das autonome deutsche internationale Insolvenzrecht angenommen, im Ausland belegene Sicherungsrechte würden von der Eröffnung eines Insolvenzverfahrens nicht berührt.[168]

---

[165] *Drobnig* (oben Fn. 82), in: Stellungnahmen und Gutachten zur Reform des Deutschen Internationalen Insolvenzrechts, 1992, S. 177-182, S. 179 ff.; *ders.* Security Rights in Cross-Border Insolvencies, in: Cross-Border Insolvency: Comparative Dimensions (The Aberystwyth Insolvency Papers), 1990, S. 216-219, S. 218 f.; *ders.* (oben Fn. 80), 1998 Texas International Law Journal 53, 68 f.; *Flessner* (oben Fn. 81), IPRax 1997, 1, 8; Heidelberger Kommentar-*Kirchhof* (oben Fn. 10), Art. 102 EGInsO Rn. 39. Letzterer weist jedoch in unrichtiger Weise auf Art. 5 und 7 EuInsÜ.

[166] *v. Wilmowsky* (oben Fn. 42), S. 280-347; *ders.* (oben Fn. 42), WM 1997, 1461; *ders.* (oben Fn. 42), EWS 1997, 295; *ders.* (oben Fn. 42), KTS 1998, 343.

[167] *v. Wilmowsky* (oben Fn. 42), WM 1997, 1461, 1471.

[168] Kübler/Prütting-*Kemper* (oben Fn. 10), Art. 102 EGInsO Rn. 220; *Geimer*, Internationales Zivilprozeßrecht, 3. A., 1997, Rn. 3541.

II. Prüfung

1. Neutralität

Wie bereits dargestellt, begnügt sich das deutsche internationale Insolvenzrecht mit wenigen Normen. Offensichtlich ist keine Abkehr vom ansonsten im deutschen Recht gültigen Prinzip der Neutralität erkennbar. Sekundärverfahren, die die Neutralität einschränken können, sind lediglich fakultativ möglich. Eine Einbeziehung von im Ausland belegenen Sicherungsrechten ist auch ohne sie möglich. Eine Ausgestaltung von Sekundärverfahren, wie sie in der EuInsVO vorgesehen ist, fehlt in der Insolvenzordnung, so dass die Rechtsprechung darauf hinwirken muss, dass Regelungen getroffen werden, die Neutralität gewährleisten.

2. Gläubigergleichbehandlung

Das deutsche Recht nach der Insolvenzordnung geht von der Geltung des Universalitätsprinzips aus. Damit ist vom Grundsatz her gewährleistet, dass, solange keine Sekundärverfahren eröffnet werden, alle Rechtsbeziehungen einer Rechtsordnung, der lex fori concursus, unterliegen. Eine Ungleichbehandlung aufgrund der Lage des Sicherungsgegenstands oder der Person des Sicherungsgläubigers ist nach diesem Prinzip nicht möglich. Das deutsche Gesetzesrecht macht keine Einschränkung der Geltung des Statuts für Sicherungsrechte, wie dies während des Gesetzgebungsverfahren in § 390 RegE InsO vorgesehen war. In der Lehre bestehen, wie oben dargestellt, verschiedene Auffassungen. Gemäß der wohl herrschenden Geltung der lex rei sitae[169] kommt es zur Anwendung verschiedener Rechtsordnungen auf Sicherungsrechte, die in verschiedenen Staaten belegen sind. Der Eingriff des Insolvenzrechts in Verwertungsrechte ist danach abhängig von nationalen Rechtsordnungen.

Art. 102 Abs. 3 EGInsO eröffnet die Möglichkeit zu Sekundärverfahren in Deutschland. Diese sind jedoch nur fakultativ. Daneben bleibt auch die Durchführung eines ausländischen Verfahrens mit universaler Geltung in Deutschland möglich. Die Kriterien, wann diese Geltung eingeschränkt wird, sind in Art. 102 Abs. 1 EGInsO definiert. Sekundärverfahren nach Art. 102 Abs. 3 EGInsO führen zur Anwendung des deutschen Rechts. Damit würden Sicherungsrechte in diesem Verfahren einem anderen Recht unterliegen als die unterstellte lex fori concursus im Hauptverfahren. Es wäre bezüglich der

---

[169] Frankfurter Kommentar-*Wimmer* (oben Fn. 10), Anhang I Rn. 33; Staudinger-*Stoll* (oben Fn. 138), Rn. 314; Münchener Kommentar-*Kreuzer* (oben Fn. 138), Nach Art. 38, Anh. I Rn. 113, *Hanisch* (oben Fn. 138), ZIP 1992, 1125, 1130.

anwendbaren Rechtsordnung der gleiche Zustand erreicht, den auch die Anwendung der lex rei sitae für Sicherungsrechte in Insolvenzverfahren ergäbe, wie dies von einem Teil der deutsche Rechtslehre vertreten wird.

3. Kein Eingriff in die Verteilungsrechte von Sicherungsrechten

Eingriffe in in Deutschland belegene Sicherungsrechte bezüglich Verteilungsfragen sind nur dann möglich, wenn nicht deutsches Recht zur Anwendung kommt. Dies ist dann möglich, wenn ein Verfahren im Ausland eröffnet wird und das Recht dieses Staates die Behandlung des Eingriffs in Sicherungsrechte durch das Insolvenzverteilungsrecht nicht der Rechtsordnung unterwirft, in der das Sicherungsrecht belegen ist, da das deutsche internationale Insolvenzrecht zumindest kodifiziert keine Beschränkung der lex fori concursus für Sicherungsrechte kennt. Dies ist anders zu bewerten, wenn man von der Geltung der lex rei sitae ausgeht. Unproblematisch ist dies jedoch zudem, weil Sekundärverfahren über das Inlandsvermögen möglich bleiben und ein Niederlassungserfordernis entgegen der Regelung der EuInsVO nicht besteht.

§ 7 USA

I. Rechtslage

Das Insolvenzrecht ist in den USA Bundesrecht.[170] Es ist seit 1978 im Bankruptcy Code geregelt. Dieser stellt Title 11 des United States Code (11 U.S.C.) dar. Das US-amerikanische Insolvenzrecht hat die Gestaltung der deutschen Insolvenzordnung stark beeinflusst.[171]

Das Internationale Insolvenzrecht ist vor allem in den §§ 303-305 BC geregelt. Ferner ergeben sich aus der common-law-Doktrin der comity Bedingungen für die Ankennung ausländischer Insolvenzverfahren.[172] Staatsverträge bestehen auf dem Gebiet des Internationalen Insolvenzrechts nicht.[173]

1. Inländische Verfahren

Gemäß § 541 (a) BC soll ein inländisches Insolvenzverfahren extraterritoriale Wirkung entfalten. Das gesamte Schuldnervermögen soll erfasst werden.[174] Kollisionsrechtliche Normen enthält der Bankruptcy Code jedoch nicht. Es muss davon ausgegangen werden, dass auch mit Sicherungsrechten belegenes Vermögen nach US-amerikanischem Recht behandelt wird.[175]

2. Ausländische Verfahren

Dem universellen Anspruch für inländische Verfahren steht eine weitgehende Territorialität ausländischer Konkurse nach amerikanischem Recht gegenüber.[176] Durch die Änderungen des Bankruptcy Code 1978 stellt das US-amerikanische Recht nun jedoch vielfältige und flexible Möglichkeiten zur Durchsetzung ausländischer Insolvenzverfahren in den USA bereit.

---

170 Vgl. *Habscheid* (oben Fn. 68), S. 51.

171 Hervorzuheben ist Chapter 11 BC, das Vorlage für das Instrument des Insolvenzplans war; siehe Nerlich/Römermann-*Nerlich* (oben Fn. 10), Einleitung Rn. 9. Vgl. zu Chapter 11 BC: *Rauls*, Das Reorganisationsverfahren der USA gemäß Chapter 11 BC im Deutschen Internationalen Privatrecht, 1993.

172 Vgl. *Trunk* (oben Fn. 1), 65 f.

173 Ein Vertrag mit Kanada war geplant. Das Vorhaben wurde jedoch nicht weiter verfolgt.

174 Vgl. auch *Riesenfeld*, Probleme des internationalen Insolvenzrechts aus der Sicht des neuen Konkursreformgesetzes der Vereinigten Staaten, in: Probleme des internationalen Insolvenzrechts, 1982, S. 39-49, S. 41.

175 vgl. *Scoles/Hay*, Conflict of Law, 1992, § 23.18, S. 943 ff. Zur Insolvenzanfechtung vgl. *Reinhart*, Sanierungsverfahren im internationalen Insolvenzrecht, 1995, S. 110.

176 *Habscheid* (oben Fn. 68), S. 217.

a) Hilfsmaßnahmen

Gemäß § 304 BC[177] ist ein ausländischer Verwalter berechtigt, Hilfsmaßnahmen beim amerikanischen Insolvenzgericht zu beantragen. Dies können eine Vollstreckungssperre, die Unterbrechung anhängiger Verfahren (§ 304 (b) (1) BC), die Übergabe von Vermögen oder des Erlöses an den ausländischen Verwalter (§ 304 (b) (2) BC) oder andere geeignete Hilfsmaßnahmen (§ 304 (b) (3) BC) sein. Der amerikanische Bankruptcy Court ist gerade durch die letztgenannte Klausel sehr flexibel.[178]

§ 304 (c) BC stellt Kriterien auf, nach denen das Gericht seine Entscheidung treffen soll. Im Hinblick auf die Behandlung von Sicherungsrechten ist insbesondere § 304 (c) (4) BC von Bedeutung, der einen wesentlichen Einklang des ausländischen Insolvenzrechts mit den nach dem BC vorgeschriebenen Verteilungsregeln fordert.[179] Völlige Übereinstimmung ist nicht erforderlich.[180] Unklar ist jedoch das tatsächlich nötige Maß der Übereinstimmung.[181] Die Spannbreite in den US-amerikanischen Entscheidungen ist sehr groß.[182] Zum Teil wurde lediglich darauf abgestellt, ob die Kategorien von gesicherten und bevorzugten Gläubigern auch im ausländischen Recht vorhanden waren.[183] Anderseits wurde konkret geprüft, ob ein US-amerikanischer Gläubiger durch die Normen des ausländischen Insolvenzrechts schlechter gestellt wird als im US-Recht.[184]

---

[177]Eine ausführliche Darstellung und Bewertung des Hilfsverfahren nach § 304 BC erfolgt in: *Spahlinger* (oben Fn. 81), S. 186 ff.

[178]*Habscheid* (oben Fn. 68), S. 219. Vgl. auch *Breitenstein*, Internationales Insolvenzrecht der Schweiz und der Vereinigten Staaten, 1990, S. 44-47; *Riesenfeld*, Das neue Gesicht des deutschen Internationalen Konkursrechts aus ausländischer Sicht, in: Festschrift für Franz Merz, 1992, S. 497-513, S. 503 f.; *Aderhold*, Auslandskonkurs im Inland, 1992, S. 71 f.

[179]Vgl. auch *Habscheid* (oben Fn. 68), S. 239. Bis zum Jahr 1995 war das Recht folgender Staaten in Gerichtsentscheidungen als gleichwertig im Sinne der Norm angesehen worden: Schweden, Bermuda, Cayman Islands, Italien, Hong Kong, Luxemburg, Frankreich, Niederländische Antillen, Bahamas, Ecuador, Dubai und Kanada; vgl. *Wood*, Principles of International Insolvency, 1995, S. 264; *Aderhold* (oben Fn. 178), S. 85.

[180]*King (Hrsg.)*, Collier on Bankruptcy, 15th Ed., 1998, 304-32.

[181]*Glosband*, United States of America, IIR 1995 (Special Conference Issue), 43, 47.

[182]*Trautman/Westbrook/Gaillard* (oben Fn. 81), 41 The American Journal of Comparative Law 573 (1993), S. 613 ff. Einzelheiten sind auch bei Reinhart dargestellt: *Reinhart* (oben Fn. 175), S. 114 f.

[183]Matter of Axona International Credit & Commerce Ltd. 88 B.R. 597 (613), (1988). Vgl. auch *Glosband* (oben Fn. 181), IIR 1995 (Special Conference Issue), 43, 51.

[184]Interpool Ltd. v. Certain Freights of the M/V Venture Star 102 B.R. 373 (1988). Vgl. auch *Glosband* (oben Fn. 181), IIR 1995 (Special Conference Issue), 43, 51.

b) Eröffnung eines zusätzlichen inländischen Verfahrens

Ferner ist gemäß § 303 BC auch die Eröffnung eines zusätzlichen inländischen Verfahrens möglich. § 109 (a) BC verlangt lediglich Vermögen in den USA. Dieses Verfahren unterliegt wie ein sonstiges US-amerikanisches Verfahren auch der lex fori concursus, also US-Recht. Mangels anderer Vorschriften führt dies jedoch auch zur Geltung von § 541 (a) BC, wonach das weltweite Vermögen erfasst wird.[185] Insoweit lässt sich ein solches Verfahren nicht als Sekundärverfahren im Sinne des deutschen oder europäischen Rechts verstehen, sondern als Parallelverfahren zum "Haupt"verfahren.[186]

Zur Vermeidung von Abstimmungsschwierigkeiten zwischen den beiden Verfahren gibt § 305 BC dem ausländischen Verwalter das Recht, die Aufschiebung oder Einstellung eines inländischen Verfahrens zu beantragen. Das US-Gericht hat abzuwägen, ob ein inländisches Verfahren oder Hilfsmaßnahmen nach § 304 BC geeigneter sind.[187]

II. Prüfung

1. Neutralität

Problematisch sind die Fälle, in denen das Verfahren im Ausland eröffnet wurde und Vermögen in den USA befindlich ist. Der Verwalter des ausländischen Verfahrens hat nur die Möglichkeit, gemäß § 304 BC ein Hilfsverfahren oder gemäß § 303 BC ein Parallelverfahren zu beantragen. Inwieweit Neutralität tatsächlich gewährt werden kann, hängt sehr stark von der richterlichen Ausgestaltung dieser Verfahren ab. Aufgrund der Erfassung des weltweiten Vermögens gemäß § 541 (a) BC in einem Parallelverfahren können sich zudem sich widersprechende Ziele des Verfahrens ergeben.

2. Gläubigergleichbehandlung

Das US-amerikanische Recht unterscheidet die Auslandswirkung von inländischen Verfahren und die Inlandswirkung von ausländischen Verfahren. Während erstere gemäß § 541 (a) BC uneingeschränkt dem Universalitätsprinzip unterliegen, also auch im Ausland belegene Sicherungsrechte der lex fori concursus der USA unterwerfen, wird ausländischen Verfahren Inlandwirkung

---

[185] *Wood* (oben Fn. 179), S. 260.
[186] *Habscheid* (oben Fn. 68), S. 216.
[187] *King (Hrsg.)* (oben Fn. 180), 305-13.

nur im Rahmen eines Hilfsverfahrens gemäß § 304 BC gewährt. Ferner besteht die Möglichkeit zu einem Parallelverfahren gemäß § 109 (a) BC.

Ebenso wie die EG-Verordnung ist auch das US-amerikanische Recht bemüht, im Inland belegene Sicherungsrechte vor Auslandsverfahren zu schützen. § 304 (c) (4) BC, dessen Auslegung im einzelnen streitig ist, hat eine ähnliche Konsequenz wie die in der deutschen Literatur vertretene Kumulationslösung, auch wenn das US-amerikanische Recht kein Kollisionsrecht darstellt. Ausländisches Recht darf solange auf im Inland belegene Sicherungsrechte einwirken, wie dadurch nicht Gläubigerrechte stärker als nach inländischem Recht beeinträchtigt werden.

Solange der Gläubigerschutz des US-amerikanischen Rechts gewährleistet ist, hat der Verwalter des ausländischen Verfahrens gemäß § 305 BC die Möglichkeit, die Herrschaft über das Verfahren zu behalten. Da ferner § 109 (a) BC lediglich Vermögen in den USA als Eröffnungsgrund für ein Inlandsverfahren voraussetzt, bleibt anders als unter Geltung der EuInsVO kein Vermögen unberührt, auch wenn es verschiedenen Rechtsordnungen unterliegt. Es besteht somit auch hier eine Ungleichbehandlung in- und ausländischer Gläubiger, auch wenn diese geringer ist als unter Geltung der EuInsVO.

3. Kein Eingriff in die Verteilungsrechte von Sicherungsrechten

In den USA befindliche Sicherungsrechte sind vor Eingriffen eines Insolvenzverteilungsrechts, das den Regelungen des US-amerikanischen Rechts widerspricht, durch § 304 (c) (4) BC hinreichend geschützt. Im Ausland befindliche Sicherungsrechte unterliegen jedoch auch bezüglich der Insolvenzverteilung bei Eröffnung eines Verfahrens in den USA US-amerikanischem Recht, soweit der Staat der Belegenheit diese Wirkung zuläßt.

§ 8 England

I. Rechtslage

Das Insolvenzrecht Englands ist in Bewegung. Am 29.12.1986 trat der Insolvency Act 1986 in Kraft. Ziel der Reform[188] war die Mehrung der Masse durch Beschneidung von Sicherungsrechten[189] und Erweiterung der Anfechtungsmöglichkeiten in der Insolvenz sowie die Förderung der Sanierung insolvenzbedrohter Unternehmen.[190] Inzwischen sind jedoch weitere Reformen angekündigt. So sollen Sanierungskredite bevorrechtigt werden, während sonstige Konkursvorrechte entfallen sollen.[191]

Das englische Recht unterscheidet zwischen der Insolvenz von Einzelpersonen und von ihnen gebildeten Personengesellschaften (partnerships) einerseits und der Abwicklung von Kapitalgesellschaften (companies). Einzelpersonen und partnerships unterliegen den Regeln des bankruptcy, companies denen des winding up.[192] Partnerships haben jedoch nicht die Bedeutung im Wirtschaftsleben, wie dies für Personengesellschaften deutscher Rechtsform gilt. Der typische Unternehmenskonkurs unterliegt somit dem winding up.

Außer der Normierung in sec. 426 Insolvency Act 1986[193] werden die Regelungen des englischen Internationalen Insolvenzrechts aus den allgemeinen Normen des Insolvenzrechts abgeleitet.

1. Inländische Verfahren

Sowohl der Individualkonkurs als auch der Gesellschaftskonkurs unterliegen dem Universalitätsprinzip.[194] Für den Individualkonkurs ergibt sich dies aus sec. 283

---

[188] Vgl. zur Entwicklung der Insolvenzrechtsreform *Cork/Graham*, Insolvenzrechtsreform in England - Erläuterungen zum Cork-Report, ZIP 1982, 1275; *Vach*, Aspekte der Insolvenzrechtsreform von 1986 in England, 1991, S. 4; *Summ* (oben Fn. 150), S. 109.

[189] Zur Behandlung von englischen Sicherungsrechten im nationalen englischen Insolvenzrecht vgl. *Vach* (oben Fn. 188), S. 18 ff., S. 33 ff.

[190] Vgl. dazu *Perker*, Das Reorganisationsverfahren im englischen Insolvenzrecht, 1994.

[191] FAZ vom 18.6.1999, S. 22.

[192] *Vach* (oben Fn. 188), S. 10; *Florian*, Das englische internationale Insolvenzrecht, 1989, S. 20 ff.; *van Hüllen*, Die Hauptformen der Insolvenz von Kapitalgesellschaften in England und Wales, InVo 1999, 97.

[193] Sec. 426 IA 1986 erleichert die Anerkennung ausländischer Insolvenzverfahren. Er gilt jedoch bislang nur im Verhältnis zu Staaten des Commonwealth sowie abhängigen Gebieten der britischen Krone. Vgl. *Trunk* (oben Fn. 1), S. 55 f.; *Dawson*, Assistance under Section 426 of the Insolvency Act 1986, IIR 1999, 109, 113 f.

Insolvency Act 1986, für den Gesellschaftskonkurs aus sec. 144, 145 Insolvency Act 1986.[195] Für den Gesellschaftskonkurs ergibt sich das Verfügungsverbot aus sec. 127 Insolvency Act 1986, das Vollstreckungsverbot aus sec. 130 (2) Insolvency Act 1986.

Gleichgültig ob ein Individual- oder ein Gesellschaftskonkurs vorliegt, regelt sich die Verwaltung des Schuldnervermögens nach der lex fori concursus.[196] Ebenfalls nach der lex fori concursus soll sich die Rangordnung der ungesicherten Gläubiger bei der Verteilung regeln.[197] Das Recht, dem die Forderung untersteht, soll lediglich bestimmen, ob diese wirksam entstanden ist.[198]

Ebenso soll das Bestehen und der Inhalt einer Sicherheit bei Sachen der lex rei sitae und bei Forderungen dem Schuldstatut entnommen werden.[199] Dagegen sollen Rechtsbehelfe zur Durchsetzung der Sicherheit der lex fori concursus entnommen werden.[200] Die Abgrenzung zwischen right und remedy ist nicht eindeutig. Im Fall der Insolvenz der Israel-British-Bank[201] begründeten die englischen Richter, das Aussonderungsrecht der Chase Manhattan Bank ergebe sich aus dem materiellen Recht, es müsse auch im englischen Konkurs anerkannt werden.[202]

2. Ausländische Verfahren

Das englische Recht geht von einer grundsätzlichen Anerkennung ausländischer Entscheidungen aus.[203] Dies gilt für den Individual- und für den Gesellschaftskonkurs. In verschiedenen Urteilen sind Anerkennungsvoraussetzungen aufgestellt worden.[204]

---

[194] *Blom-Cooper*, Bankruptcy in Private International Law, London, 1954, S. 17; *North/Fawcett*, Cheshire and North's Private International Law, 12. A., 1992, S. 907 f.; *Dicey/Morris*, The Conflict of Laws, 12. A., 1993, S. 1163.
[195] Vgl. *Florian* (oben Fn. 192), S. 37 f.
[196] Re Suidair International Airways (1951) Ch. 165.
[197] *Dicey/Morris* (oben Fn. 194), S. 1169 f.; *North/Fawcett* (oben Fn. 194), S. 911.
[198] Ex parte Melbourn (1870) L.R. 6 Ch.App. 64, S. 66.
[199] *Dicey/Morris* (oben Fn. 194), S. 1169.
[200] *Dicey/Morris* (oben Fn. 194), S. 1169.
[201] Chase Manhattan Bank N. A. v. Israel-British-Bank (London) Ltd. (1981) Ch. 105 (H.L.).
[202] Chase Manhattan Bank N. A. v. Israel-British-Bank (London) Ltd. (1981) Ch. 105 (H.L.), S. 127 B-C.
[203] Leading case ist Solomons v. Ross von 1764, zitiert in Folliott v. Ogden, (1789) 1 H.Bl. 123 = 126 E.R. 75; *Summ* (oben Fn. 150), S. 110 f.
[204] Vgl. die ausführliche Darstellung bei *Florian* (oben Fn. 192), S. 55 ff.

Voraussetzung ist insbesondere die Qualifikation des ausländischen Verfahrens als Konkursverfahren[205] und die internationale Zuständigkeit des ausländischen Gerichts der Verfahrenseröffnung. Letztere soll nach englischem Recht gegeben sein.[206] Ein Anerkennungsverfahren findet nicht statt. Der Verwalter kann seine Befugnisse bereits mit Eröffnung des Verfahrens im Ausland ausüben.[207]

Die Wirkungen der Anerkennung sind beim Individual- und beim Gesellschaftskonkurs verschieden. Im Individualkonkurs geht die Verfügungsbefugnis mit Konkurseröffnung bzw. bei unbeweglichem Vermögen nach Einsetzung des Verwalters als receiver auf ihn über. Die Rechte des Verwalters bestimmen sich jedoch nach englischem Recht. Ferner hat er Rechte Dritter, die dem Recht der Belegenheit folgen, zu beachten.[208] Das Vollstreckungverbot des Rechts der Verfahrenseröffnung ist zu beachten.[209] Im Gesellschaftskonkurs sind die Wirkungen der Verfahrenseröffnung beschränkter. Verfügungs- und Verwaltungsbefugnisse des ausländischen Verwalters werden in Grenzen anerkannt. Ebenso soll das Vollstreckungsverbot entsprechend des Individualkonkurses anerkannt werden.[210]

Das englische Recht erlaubt ein Ergänzungsverfahren, das nur die in England belegenen Vermögenswerte umfasst und englischem Recht unterliegt.[211] In diesem Verfahren werden nur bevorrechtigte Gläubiger befriedigt.[212] Ungesicherte Gläubiger sind auf das Hauptverfahren angewiesen.[213] Eine

---

205 *Dicey/Morris* (oben Fn. 194), S. 1172 ff.; *North/Fawcett* (oben Fn. 194), S. 912 ff. Die Anerkennung von Vergleichsverfahren ist stark eingeschränkt. Vgl. *Florian* (oben Fn. 192), S. 72, S. 96 ff.

206 *Dicey/Morris* (oben Fn. 194), S. 1175 ff.; *Blom/Cooper* (oben Fn. 194), S. 89.

207 Sill v. Worswick (1791) 1 H.Bl. 665 = 126 E.R. 379; Phillips v. Hunter (1795) 2 H. Bl. 402 = 126 E.R. 618.

208 Vgl. *Florian* (oben Fn. 192), S. 67 f.

209 Galbraith v. Grimshaw (1910) A.C. 508, S. 513.

210 *Florian* (oben Fn. 192), S. 71.

211 Re English, Scottish, and Australian Chartered Bank (1893) 3 Ch. 385 (C.A.); Re Suidair International Airways, Ltd. (1951) 1 Ch. 165; Re Commercial Bank of South Australia (1886) 33 Ch.D. 174; Re Standard Insurance Company Ltd. (1968) Qd.R. 118 (Supreme Court of Queensland); Re Northland Services Pty Ltd. (1978) 18 A.L.R. 684 (Supreme Court of the Northern Territory).

212 Re English, Scottish, and Australian Chartered Bank (1893) 3 Ch. 385 (C.A.), S. 394; Re Suidair International Airways, Ltd. (1951) 1 Ch. 165, S. 173.

213 Re Standard Insurance Company Ltd. (1968) Qd.R. 118, S. 128 (Supreme Court of Queensland); Re Northland Services Pty Ltd. (1978) 18 A.L.R. 684, S. 687 (Supreme Court of the Northern Territory).

Anmeldung in mehreren Verfahren ist möglich, wobei die Befriedung in einem Verfahren im anderen anzurechnen ist.[214]

II. Prüfung

1. Neutralität

In den hier problematischen Fällen, der Eröffnung eines Verfahrens im Ausland bei Belegenheit von Sicherungsrechten in England, erscheint insbesondere die mangelnde Verfügungsbefugnis des ausländischen Verwalters als Hindernis für Neutralität. Positiv zu bewerten ist die grundsätzlich universalistische Ausrichtung.

2. Gläubigergleichbehandlung

In England eröffnete Verfahren gelten universal. Es gilt die lex fori concursus. Auch die Rangordnung der ungesicherten Gläubiger soll danach bestimmt werden.[215] Damit ist für im Inland eröffnete Verfahren eine Gleichbehandlung bezüglich der ungesicherten Gläubiger gewährleistet. Die Gleichbehandlung von Sicherungsrechten ist dagegen abhängig von der Abgrenzung zwischen right und remedy, da dies über das anwendbare Recht entscheidet. Eine Gleichbehandlung bezüglich des Eingriffs in die Verwertung von Sicherungsrechten ist dann gewährleistet, wenn die lex fori concursus zur Anwendung kommt, also eine Qualifikation als remedy erfolgt.

Bei Eröffnung eines Verfahrens im Ausland ist die Gleichbehandlung in- und ausländischer Gläubiger weniger stark ausgeprägt, da Sicherungsrechte bei ihrer Belegenheit in England nach englischem Recht zu behandeln sind. Jedoch bestehen anders als unter Geltung der EuInsVO Zugriffsmöglichkeiten auf besicherte Vermögensgegenstände in England.

3. Kein Eingriff in die Verteilungsrechte von Sicherungsrechten

In England belegene Sicherungsrechte werden in mehrfacher Weise vor Eingriffen eines Insolvenzverteilungsrechts, das dem englischen Recht widerspricht, geschützt. Zum einen ist die Verfügungsbefugnis des ausländischen Verwalters, wie oben beschrieben, nicht umfassend. Durch Vollstreckungs-

---

[214]Re Standard Insurance Company Ltd. (1968) Qd.R. 118 (Supreme Court of Queensland); Re Northland Services Pty Ltd. (1978) 18 A.L.R. 684 (Supreme Court of the Northern Territory).

[215]Vgl. *Dicey/Morris* (oben Fn. 194), S. 1169; *North/Fawcett* (oben Fn. 194), S. 911.

maßnahmen vor Inbesitznahme können Sicherungsgläubiger auch bezüglich der Verteilung bevorrechtigt sein. Zum anderen besteht ferner die Möglichkeit eines Ergänzungsverfahrens nach englischem Recht, das bevorrechtigte Gläubiger schützt.[216] Ob im Ausland belegene Sicherungsrechte durch englisches Insolvenzverteilungsrecht beeinträchtigt werden können, hängt zum einen von der Abgrenzung zwischen right und remedy ab, zum anderen von der Gewährung des englischen Rechts durch das Recht der Belegenheit des Sicherungsrechts.

---

216 Vgl. Re English, Scottish, and Australian Chartered Bank (1893) 3 Ch. 385 (C.A.), S. 394; Re Suidair International Airways, Ltd. (1951) 1 Ch. 165, S. 173.

§ 9 Frankreich

I. Rechtslage

Seit der Reformgesetzgebung der Jahre 1984 und 1985 steht der Erhalt des insolvenzbedrohten Unternehmens im Vordergrund der insolvenzrechtlichen Regeln und Maßnahmen.[217] 1994 wurden hingegen die Gläubigerrechte wieder gestärkt. Inbesondere ist seit 1994 unmittelbar ein Liquidationsverfahren möglich, ohne dass zuvor eine Beobachtungsphase erfolgte.[218] An der grundsätzlichen Ausrichtung des französischen Insolvenzrechts von 1984/85 hat sich dadurch jedoch nichts geändert.[219] An dieser Stelle muss vor allem auf das Superprivileg gemäß Art. L 143-10 Abs. 1 Code du travail hingewiesen werden. Dieses geht allen Sicherungsrechten vor.[220]

Das französische Internationale Insolvenzrecht ist von zwei Detailregelungen abgesehen[221] nicht kodifiziert. Die Rechtsprechung beruht auf den Grundsätzen des allgemeinen Internationalen Privatrechts.[222] Ferner bestehen bilaterale Abkommen mit Belgien (1899), Italien (1930), Monaco (1950) und Österreich (1979).[223]

---

[217] Zur Bedeutung der Rechtsänderungen für die Gläubigerrechte vgl. *Zierau*, Die Stellung der Gläubiger im französischen Sanierungsverfahren, 1991, S. 76 ff. Vgl. auch *Hübner/Constantinesco*, Einführung in das französische Recht, 1994, 236 f; *Böckenhoff*, Der Eigentumsvorbehalt im französischen Unternehmenssanierungsgesetz, 1994, S. 24 f.

[218] *Hess*, Kommentar zur Insolvenzordnung mit EGInsO, Band 2, 1999, Art. 102 EGInsO Rn. 373.

[219] *Schulz*, Der Eigentumsvorbehalt in europäischen Rechtsordnungen, 1998, S. 137; *de Sevelinges*, Der gütliche Vergleich (réglement amiable) zur Abwendung des Konkursverfahrens in Frankreich, NZG 1998, 208; *Städtler*, Grundpfandrechte in der Insolvenz, 1998, S. 22 ff. Vgl. auch die Skalierung bei *Wood*, Principles of International Insolvency (Part I), IIR 1995, 94, 98; *ders.*, Principles of International Insolvency (Part II), IIR 1995, 109, 127; sowie die Darstellung des französischen Insolvenzsystems bei *Jahn* (oben Fn. 136), S. 97-138.

[220] *Summ* (oben Fn. 150), S. 236 f.

[221] Art. 66 I 2 D. 85-1388 sowie Art. 51 II, 160 II Loi 85-98.

[222] *Heyers*, Das französische Internationale Insolvenzrecht, 1997, S. 4.

[223] Auf diese Abkommen soll hier nicht eingangen werden, da sie keine Bedeutung im Verhältnis zu Deutschland besitzen und oftmals auch nur einzelne Aspekte des Verfahrens betreffen. Einzelheiten zu den Abkommen bei *Heyers* (oben Fn. 222), S. 39 ff.; *Wood* (oben Fn. 179), S. 292.

1. Inländische Verfahren

Ein französisches Insolvenzverfahren beansprucht universale Geltung, insbesondere auch die Erfassung des im Ausland belegenen Vermögens.[224] Grundsätzlich gilt die lex fori concursus.[225] Ausnahmen sind vorgesehen, wo sich die lex fori concursus nicht aus dem Charakter des Insolvenzrechts als Verfahrensrecht herleiten lässt. Die Verwertung im Ausland belegener Sachen unterliegt der lex rei sitae. Sicherungsrechte unterliegen jedoch nach französischer Rechtssprechung der lex fori concursus.[226]

2. Ausländische Verfahren

Im Ausland eröffnete Insolvenzverfahren erlangen nicht automatisch volle Gültigkeit in Frankreich. Ein französisches Gericht muss zunächst in einem förmlichen (streitigen) Anerkennungs- und Vollstreckungsverfahren das Exequatur erteilen.[227] Ohne Exequatur ist nur eine beschränkte Wirkung des Verfahrens in Frankreich möglich.[228] Eine Verwertung von in Frankreich belegenem Vermögen ist jedoch nicht möglich.[229] Voraussetzung für die Erteilung der Exequatur sind folgende Bedingungen[230]: Das ausländische Gericht der Verfahrenseröffnung muss international zuständig gewesen sein, das ausländische Verfahren muss ordnungsgemäß erfolgen, es muss zur Anwendung der nach französischem Kollisionsrecht zuständigen Rechtsordnung durch das ausländische Gericht kommen, es muss eine Vereinbarkeit mit dem internationalen ordre public vorliegen, es darf kein rechtsmissbräuchliches Verhalten gegeben und kein Inlandsverfahren in Frankreich eröffnet sein.[231] Problematisch erscheint insbesondere die Maßgeblichkeit des französischen Kollisionsrechts, geht das französische Recht bei Inlandsverfahren doch von

[224] *Mayer*, Droit international privé, 1994, S. 432; *Trunk* (oben Fn. 1), S. 50.
[225] *Mayer* (oben Fn. 224), S. 434; *Dostal*, Französisches internationales Insolvenzrecht, ZIP 1998, 969, 971.
[226] Cour de cassation, 25.2.1986, Rev. crit. dr. internat. privé 1987, 589; *Dostal* (oben Fn. 225), ZIP 1998, 969, 973.
[227] *Mayer* (oben Fn. 224), S. 267.
[228] Vgl. *Kalomiris*, Verlängerter Eigentumsvorbehalt, Ersatzaussonderung des Weiterverkaufspreises, Sicherungs(global)zession und ihre Kollision im deutsch-französischen Warenverkehr, insbesondere im Konkurs des Käufers, 1992, S. 12 f; *Summ* (oben Fn. 150), S. 187.
[229] Cour de cassation, 25.2.1986, Rev. crit. dr. internat. privé 1987, 589, 592.
[230] Im Urteil "Munzer", Cass. civ. 7.1.1964, Rev. crit. 1964, 344, sind die Bedingungen erstmals aufgestellt worden. Deutsche Übersetzung in FamRZ 1965, 46. Vgl. auch *Sonnenberger*, Anmerkung zu Cour de cassation, 7.1.1964, FamRZ 1965, 46.
[231] Vgl. die Darstellung bei *Heyers* (oben Fn. 222), S. 69 ff. und *Fink*, Die Behandlung der Auslandsinsolvenz in Deutschland und Frankreich, 1993, S. 37 ff.

einer weitgehenden Geltung der lex fori concursus aus. Ausreichend soll jedoch auch die Anwendung einer nach französischem Kollisionsrecht unzuständigen Rechtsordnung sein, wenn diese mit der nach französischem Recht zuständigen Rechtsordnung inhaltlich als gleichwertig anzusehen ist.[232]

Nach der Anerkennung eines ausländischen Insolvenzverfahrens gewährt die französische Rechtsprechung[233] auch diesem Verfahren die Behandlung von Sicherungsrechten nach der lex fori concursus. Nach dieser Entscheidung wird die Wirksamkeit von in Frankreich belegenen Sicherungsrechten nach dem Insolvenzstatut des Staates der Verfahrenseröffnung (hier: Dänemark) bewertet.[234]

Solange kein Exequatur erlangt ist, kann auch noch nach der Eröffnung eines ausländischen Verfahrens ein auf das Inlandsvermögen beschränkter örtlicher Konkurs eröffnet werden. Nach unbeschränkter Exequaturerteilung ist die Einleitung eines inländischen Sonderkonkurses ausgeschlossen.[235]

II. Prüfung

1. Neutralität

Die Neutralität der französischen Regelungen des Internationalen Insolvenzrechts ist beeinträchtigt, da Liquidationsentscheidungen des ausländischen Verfahrens angesichts der möglichen Unvereinbarkeit mit dem nach französischem Kollisionsrecht maßgeblichen Recht und der damit notwendigen Eröffnung von Sekundärverfahren dort nicht ohne Sanierungsbemühungen umgesetzt werden können. Sanierungsentscheidungen werden durch die Sanierungsfreundlichkeit weniger beeinträchtigt. Die Trennung der Verfahren und das daraus erwachsene Abstimmungsbedürfnis kann jedoch sanierungshemmend sein.

Das Fehlen eines Sekundärverfahrens nach Anerkennung eines ausländischen Verfahrens hat nicht die Konsequenz, wie dies unter Geltung der EuInsVO der Fall wäre, da durch die Anwendung der lex fori concursus auch auf

[232]*Mayer* (oben Fn. 224), S. 258; *Fricke*, Die Anerkennung ausländischer Urteile in Frankreich nach autonomem Recht, IPRax 1989, 202, 205; *Dostal* (oben Fn. 225), ZIP 1998, 969, 976.

[233]Cour de cassation, 25.2.1986, Rev. crit. dr. internat. privé 1987, 589.

[234]Ebenso *Seeliger*, Konkursfestigkeit dinglicher Mobiliarsicherheiten im deutsch-französischen Warenverkehr, 1985, S. 267.

[235]*Mayer* (oben Fn. 224), S. 433; *Witz/Zierau*, Französisches internationales Insolvenzrecht, RIW 1989, 929; *Trunk* (oben Fn. 1), S. 52.

Sicherungsrechte diese unabhängig von ihrer örtlichen Lage einbezogen werden können.

2. Gläubigergleichbehandlung

In Frankreich eröffnete Verfahren erfassen auch das im Ausland belegene Vermögen. Durch dies und durch Anwendung der lex fori concursus[236] werden in- und ausländische Gläubiger grundsätzlich gleich behandelt. Da jedoch die Verwertung im Ausland belegener Sachen der lex rei sitae unterliegt, unterliegt der Zugriff auf Vermögensgegenstände je nach Belegenheit verschiedenen Rechtsordnungen, was zu Ungleichbehandlungen führt.

Auch bei im Ausland eröffneten Verfahren soll die lex fori concursus gelten.[237] Zu bedenken bleibt jedoch, dass das notwendige Exequaturverfahren und vor allem die Bedingung der Anwendung der nach französischem Kollisionsrecht zuständigen Rechtsordnung der kollisionsrechtlichen Rechtsprechung ihre Konsequenz nimmt. Dadurch kommt es letztlich doch zu einer Ungleichbehandlung in- und ausländischer Gläubiger. Angesichts der gläubigerkritischen Regelungen des französischen Insolvenzrechts[238] kann hier jedoch gerade nicht von einer Bevorzugung von Gläubigern mit Sicherungsrechten im französischen Inland gesprochen werden, da diese bei Nichtanerkennung des ausländischen Verfahrens auf ein Sekundärverfahren nach französischer lex fori concursus angewiesen sind.

3. Kein Eingriff in die Verteilungsrechte von Sicherungsrechten

In Frankreich belegene Sicherungsrechte können bei Eröffnung eines Verfahrens im Ausland durch die Anerkennungsvoraussetzungen kaum schlechter behandelt werden, als dies durch das französische Insolvenzrecht bereits erfolgt.

Bei Eröffnung eines Verfahrens in Frankreich sollen nach französischer Rechtsprechung Sicherungsrechte nach der lex fori concursus behandelt werden. Das hat zur Folge, dass bei im Ausland belegenen Sicherungsrechten auch die Insolvenzverteilung nach französischem Recht erfolgt, wenn das Recht der Belegenheit die Wirkung des französischen Rechts im Ausland zulässt. Aufgrund der gläubigerkritischen Ausrichtung des französischen Rechts wären damit Eingriffe in Sicherungsrechte im Insolvenzverteilungsrecht verbunden, vgl. insbesondere Art. L 143-10 Abs. 1 Code du travail.

---

[236] *Mayer* (oben Fn. 224), S. 432 ff.
[237] Cour de cassation, 25.2.1986, Rev. crit. dr. internat. privé 1987, 589.
[238] *Hess* (oben Fn. 218), Art. 102 EGInsO Rn. 423 ff.

§ 10 Italien

I. Rechtslage

Das Konkursrecht ist im wesentlichen durch das Konkursgesetz vom 16.3.1942 bestimmt. Es soll die geregelte Abwicklung oder die Sanierung insolventer Unternehmen ermöglichen.[239] Dem romanischen Rechtskreis entsprechend ist es tendenziell eher schuldnerorientiert.[240]

Das internationale Insolvenzrecht ist nicht ausdrücklich geregelt.[241] Es bestehen zwei völkerrechtliche Verträge, zum einen der mit Frankreich vom 30.6.1930, zum anderen der mit Österreich vom 12.7.1977. Ansonsten werden zum Teil Grundsätze des IPR-Gesetzes vom 31.5.1995 Nr. 218 auch auf Konkurse angewendet.

Ein in Italien eröffnetes Konkursverfahren umfasst zunächst lediglich bewegliche und unbewegliche Dinge des Gemeinschuldners in Italien. Die Erfassung von im Ausland befindlichen Vermögen bedarf der Abwicklung der erforderlichen Verfahren im Ausland.[242] Das italienische Recht hat demnach keinen grundsätzlich universalistischen Ansatz.

Im Ausland eröffnete Verfahren bedürfen nur dann eines Anerkennungsverfahrens, wenn die Anerkennungsvoraussetzungen bestritten werden.[243] Aufgrund der langen Dauer dieses Verfahrens sei es jedoch ratsam, eine eigenständige Konkurseröffnung in Italien herbeizuführen. Dies ist durch die Konkurseröffnung im Ausland nicht ausgeschlossen.[244]

II. Prüfung

Die äußerst eingeschränkte Universalität von in Italien eröffneten Verfahren hat negative Auswirkungen auf die Gleichbehandlung von in- und ausländischen Gläubigern und auf die Neutralität der Insolvenz. Durch die lange Dauer eines Anerkennungsverfahrens kommt es oftmals zur Eröffnung von eigenständigen

---

239 *Jahn* (oben Fn. 136) S. 173.
240 Vgl. die Skalierung bei *Wood* (oben Fn. 219), IIR 1995, 94, 98; *ders.* (oben Fn. 219), IIR 1995, 109, 127.
241 *Burgio*, Cross Border Insolvency - an Italian Approach, IIR 1999, 39, 40.
242 *Burgio* (oben Fn. 240), IIR 1999, 39, 42. Vgl. auch Corte di Cassazione, 3.2.1993, n. 1308.
243 *Burgio* (oben Fn. 240), IIR 1999, 39, 43 f. Vgl. auch Corte di Cassazione, 3.10.1995, n. 10388.
244 *Jahn* (oben Fn. 136) S. 189.

Konkursverfahren in Italien, was zur Beeinträchtigung der Gleichbehandlung und Neutralität führt.

Die begrenzte Wirkung des Verfahrens kommt dem Schutz von Sicherungsrechten im Insolvenzverteilungsrecht tendenziell entgegen.

Aufgrund der dargestellten Mängel und der fehlenden kollisionsrechtlichen Vorschriften kann das italienische Recht kaum Beiträge für eine Auseinandersetzung mit der EuInsVO leisten.

§ 11 Spanien

I. Rechtslage

Das spanische Konkursrecht ist auf verschiedene Gesetze verteilt. So ist der Konkurs der Kaufleute im Código de Comercio von 1885 geregelt, ferner im Gesetz über die Zahlungseinstellungsverfahren von 1922. Konkurs und Vergleich von Nichtkaufleuten sind im Código Civil von 1889 geregelt.[245] Auch das spanische Recht ist eher schuldnerorientiert.[246] Spanien ist bestrebt, ein Insolvenzgesetz zu schaffen, das die verschiedenen Gesetze zusammenfasst und das Recht modernisiert.[247]

Im Inland eröffnete Konkursverfahren unterliegen dem Territorialprinzip. Ferner ist es fraglich, ob über das Vermögen eines Ausländers ein Verfahren in Spanien möglich ist. Dies richtet sich nicht allein nach der Existenz von Sitz, Niederlassung oder Vermögen in Spanien, sondern vor allem danach, ob Spanien das Hauptbetätigungsfeld des Unternehmens ist.[248]

Ein im Ausland eröffnetes Verfahren muss zunächst anerkannt werden, bevor es jegliche Wirkung in Spanien entfalten kann. Die Eröffnung eines weiteren Konkursverfahrens in Spanien ist möglich. Fraglich ist jedoch, ob Forderungen, die bereits in den ausländischen Verfahren angemeldet sind, zusätzlich in dem spanischen Verfahren angemeldet werden können. Die Verteilung der Masse erfolgt nach spanischem Recht.[249]

II. Prüfung

Auch im spanischen Recht gilt weitgehend das Territorialitätsprinzip. Bereits dadurch ergeben sich Einschränkungen der Gleichbehandlung von in- und ausländischen Gläubigern und der Neutralität.

---

[245] Vgl. *Esplugues*, Das System der internationalen Zuständigkeit im Insolvenzrecht in Spanien und die Reformperspektiven angesichts des Brüsseler Abkommens vom 23. November 1995 über Insolvenzverfahren, ZZPInt 2 (1997), 69, 71; *Ibán*, Einführung in das spanische Recht, 1995, S. 240 ff.; *Adomeit/Frühbeck*, Einführung in das spanische Recht, 1993, S. 97 ff.; *v. Schiller*, Zahlungseinstellung und Konkurs, in: Aktuelles spanisches Handels- und Wirtschaftsrecht, 1991, S. 531-550.

[246] *Wood* (oben Fn. 219), IIR 1995, 94, 98; *ders.* (oben Fn. 219), IIR 1995, 109, 127.

[247] *Jahn* (oben Fn. 136), S. 349 und S. 363; *v. Schiller* (oben Fn. 245), in: Aktuelles spanisches Handels- und Wirtschaftsrecht, 1991, S. 550.

[248] *Jahn* (oben Fn. 136), S. 362.

[249] *Jahn* (oben Fn. 136), S. 362 f.; *Wood* (oben Fn. 179), S. 266.

Einen weiteren Mangel stellt die Differenzierung nach der Nationalität dar, ob ein Verfahren in Spanien eröffnet werden kann. Ferner führt eine Einschränkung des Forderungsanmeldungsrechts zu einem Eingriff durch das Insolvenzverteilungsrecht, was auch Sicherungsrechte treffen kann.

§ 12 Schweiz

I. Rechtslage

1994 wurde eine umfassende Teilrevision des Schweizer Bundesgesetzes über Schuldbetreibung und Konkurs (SchKG) abgeschlossen.[250] Die revidierte Gesetzesfassung ist seit dem 1.1.1997 in Kraft.[251] Die Teilrevision führte insbesondere dazu, dass viele Grundsätze, welche bis dahin bloß in untergeordneten Verordnungen und Entscheidungen des Bundesgerichts enthalten waren, in das Gesetz aufgenommen wurden.[252]

Die bisherige konkursrechtliche Rang- und Privilegienordnung der Gläubiger, geregelt in Art. 219 SchKG, hatte sich infolge des stetigen Zuwachses an Privilegien im Laufe der Zeit mehr und mehr zu einem Ärgernis entwickelt. Das Ziel des Konkurses, die grundsätzlich gleichmäßige Befriedigung der Gläubiger, war illusorisch geworden. Die neue gesetzliche Regelung sieht in Art. 219 Abs. 4 SchKG nur noch zwei Klassen vor. Übrig geblieben sind im wesentlichen die Forderungen von Arbeitnehmern aus dem Arbeitsverhältnis und familienrechtliche Unterhalts- und Unterstützungsansprüche (in der ersten Klasse) und gewisse Forderungen von Personen, deren Vermögen kraft elterlicher Gewalt dem Schuldner anvertraut war (in der zweiten Klasse). Die nicht privilegierten Gläubiger bilden die dritte Klasse.[253]

Das internationale Insolvenzrecht der Schweiz ist nicht im SchKG, sondern im Bundesgesetz über das internationale Privatrecht (IPRG) vom 18.12.1987 geregelt, das am 1.1.1989 in Kraft getreten ist.[254] Das neue schweizerische internationale Insolvenzrecht der Art. 166-175 IPRG[255] ist ein gemischtes

---

[250] Zur früheren Rechtslage vgl. *Amonn*, Grundriss des Schuldbetreibungs- und Konkursrechts, 4. A., 1988; *Olbing*, Die Stellung der Gläubiger im Konkursverfahren, 1993.
[251] Vgl. *Brönnimann*, Zur Revision des Schweizer Schuldbetreibungs- und Konkursrechts, ZZPInt 2 (1997), 199; *Jahn* (oben Fn. 136), S. 330; *Hunkeler*, Das revidierte schweizerische "Nachlassverfahren" - der Insolvenzplan schweizerischen Rechts, ZInsO 2000, 369.
[252] *Staehelin*, Das revidierte Schuldbetreibungs- und Konkursgesetz der Schweiz, RIW 1997, 95.
[253] *Brönnimann* (oben Fn. 251) ZZPInt 2 (1997), 199, 212; *Graham-Siegenthaler*, Entwicklung der Konkursprivilegien gemäss Art. 219 SchKG, SZW/RSDA 2000, 11.
[254] Vgl. *Hanisch*, Wirkungen deutscher Insolvenzverfahren auf in der Schweiz befindliches Schuldnervermögen, JZ 1988, 737; *Habscheid*, Das neue schweizerische Internationale Konkursrecht, in: KTS 1989, 253, 254; *Nussbaum*, Das schweizerische internationale Insolvenzrecht gemäss dem Bundesgesetz vom 18. Dezember 1987 über das internationale Privatrecht und sein Umfeld in Europa, 1989, S. 6; *Staehelin* (oben Fn. 252), RIW 1997, 95, 100; *Spahlinger* (oben Fn. 81), S. 217.
[255] Der Text des Gesetzes ist abgedruckt bei *Nussbaum* (oben Fn. 254), S. 72 ff.

System, das zwar die Universalität - aber keineswegs die Einheit - des Konkurses oder anderer Insolvenzverfahren anstrebt, jedoch auf territorialistische Vorbehalte nicht zu verzichten bereit ist. Der Grundgedanke ist der eines ergänzenden schweizerischen Parallelkonkurses zu dem im Ausland eröffneten Hauptkonkurs.[256]

1. Inländische Verfahren

Unabhängig von der Änderung des IPRG beschlägt ein in der Schweiz eröffneter Konkurs grundsätzlich das Vermögen des Gemeinschuldners im In- und Ausland. Art. 27 der Konkursverordnung gebietet sogar ausdrücklich, dass der Konkursverwalter auch das im Ausland gelegene Vermögen des Gemeinschuldners in die Masse einbezieht.[257] Das Konkursverfahren erhebt Anspruch auf universelle Wirkung.[258]

2. Ausländische Verfahren

Von größerem Interesse sind hier die neuen Regelungen des IPRG über im Ausland eröffnete Verfahren.

Art. 166 IPRG gewährt zwei Möglichkeiten, wie nach Insolvenzeröffnung im Ausland Wirkung in der Schweiz erreicht werden kann. Art. 166 Abs. 1 IPRG ermöglicht es, dass unter bestimmten Voraussetzungen das ausländische Verfahren anerkannt werden kann. Dies regeln die Art. 167-175 IPRG im einzelnen. Art. 166 Abs. 2 IPRG ermöglicht ferner die Eröffnung eines Parallelkonkurses in der Schweiz, wenn der Schuldner dort eine Zweigniederlassung besitzt.

a) Verfahren nach Art. 166 Abs. 1, 167-175 IPRG

Der ausländische Verwalter oder ein Gläubiger kann die Anerkennung des ausländischen Verfahrens in der Schweiz beantragen. Die Anerkennung setzt gemäß Art. 166 Abs. 1 IPRG voraus, dass das ausländische Konkursgericht international zuständig ist, die Eröffnung endgültig ist, der schweizerische ordre public nicht verletzt ist oder kein anderer Verweigerungsgrund gemäß Art. 27

---

[256] *Hanisch* (oben Fn. 254), JZ 1988, 737, 738. So auch *Habscheid* (oben Fn. 254), KTS 1989, 253, 256.
[257] *Nussbaum* (oben Fn. 254), S. 7.
[258] *Spahlinger* (oben Fn. 81), S. 218; *Siehr*, Grundfragen des internationalen Konkursrechts, SJZ 95 (1999), 85, 88 f.; *Trunk* (oben Fn. 1), S. 61.

IPRG vorliegt und der Konkurseröffnungsstaat Gegenrecht hält.[259] Letztere Voraussetzung soll seit der Entscheidung des BGH von 11.7.1985[260] gegenüber Deutschland erfüllt sein.[261]

Art. 170 IPRG ordnet an, dass die Anerkennung des ausländischen Konkursdekrets für das in der Schweiz befindliche Vermögen des Schuldners die konkursrechtlichen Folgen des schweizerischen Rechts nach sich zieht. Dies bedeutet, dass über das in der Schweiz befindliche Vermögen des Schuldners der den Hauptkonkurs ergänzende schweizerische Partikularkonkurs stattfindet, ohne dass eine Gläubigerversammlung oder ein Gläubigerausschuss gebildet wird.[262] Das Verfahren wäre sonst zu lange, zu kompliziert und stünde in keinem vertretbaren Verhältnis zum Zweck.[263] Das Verfahren liegt in den Händen des zuständigen Konkursamtes als Konkursorgan. Dieses stellt das Schuldnervermögen, das sich in der Schweiz befindet, fest.[264]

Nach Art. 172 IPRG werden nur pfandversicherte und gemäß Art. 219 Abs. 4 SchKG privilegierte Gläubiger, die in der Schweiz wohnhaft sein müssen, zum schweizerischen Ergänzungskonkurs nach Art. 166 Abs. 1 IPRG zugelassen. Dies soll die internationale Kooperation fördern, einen reinen Parallelkonkurs verhindern und die sich daraus ergebenen Kooperationsprobleme zwischen den zwei Verfahren verringern.[265] Abstimmungsregelungen fehlen im schweizerischen internationalen Insolvenzrecht.[266]

Alle anderen nicht privilegierten Forderungen nehmen an dem Hilfskonkurs grundsätzlich nicht teil. Ihre Gläubiger müssen daher zunächst ihr Heil im ausländischen Konkurs suchen.[267] Haben diese Gläubiger ihren Wohnsitz in der Schweiz, werden sie in gewisser Weise über Art. 173 und 174 IPRG geschützt. Ergibt sich aus dem schweizerischen Hilfsverfahren ein Überschuss, so wird geprüft, ob die Gläubiger, die ihren Wohnsitz in der Schweiz haben, durch die Verteilung im ausländischen Verfahren angemessen berücksichtigt werden. Es

---

[259] *Hanisch* (oben Fn. 254), JZ 1988, 737, 740; *Habscheid* (oben Fn. 254), KTS 1989, 253, 256 f.; *Nussbaum* (oben Fn. 254), S. 17 ff.; *Prager/Lebrecht*, Corporate Insolvency Law in Switzerland, in: European Corporate Insolvency, Editor: Rajak, Harry, Horrocks, Peter, Bannister, Joe, 2. A., 1995, S. 659-722, S. 719 f.

[260] BGHZ 95, 256.

[261] *Hanisch* (oben Fn. 254), JZ 1988, 737, 740.

[262] *Hanisch* (oben Fn. 254), JZ 1988, 737, 739, 741; *Nussbaum* (oben Fn. 254), S. 26.

[263] *Nussbaum* (oben Fn. 254), S. 27.

[264] Vgl. *Hanisch* (oben Fn. 254), JZ 1988, 737, 739.

[265] *Hanisch* (oben Fn. 254), JZ 1988, 737, 742 f.

[266] *Spahlinger* (oben Fn. 81), S. 230.

[267] *Habscheid* (oben Fn. 254), KTS 1989, 253, 260.

kommt somit zu einem zweiten Anerkennungsverfahren.[268] Wird der ausländische Verteilungsplan nicht anerkannt, so wird der Überschuss nach Art. 174 Abs. 1 IPRG an die nichtprivilegierten Gläubiger gemäß Art. 219 Abs. 4 SchKG mit Wohnsitz in der Schweiz ausgeschüttet.[269]

b) Verfahren nach Art. 166 Abs. 2 IPRG, Art. 50 Abs. 1 SchKG

Art. 166 Abs. 2 IPRG erlaubt ferner ein territorial beschränktes Parallelverfahren am Ort der Zweigniederlassung gemäß Art. 50 Abs. 1 SchKG. Teilnahmeberechtigt sind Gläubiger mit privilegierten und nichtprivilegierten Forderungen, jedoch erfolgt eine Differenzierung dahingehend, ob die Gläubiger Forderungen gegenüber der Niederlassung besitzen. Gläubiger des Gesamtunternehmens sind ausgeschlossen. Sie müssen sich an das ausländische Verfahren halten. Dadurch erfolgt ein Verstoß gegen die Gleichbehandlung aller (ungesicherten) Gläubiger.[270]

Art. 166 Abs. 2 IPRG schränkt die Eröffnung eines selbständigen Parallelkonkurses zeitlich ein und stimmt das Verfahren damit mit dem Hilfsverfahren nach Art. 166 Abs. 1 IPRG ab.

II. Prüfung

1. Neutralität

Bei Insolvenzeröffnung im Ausland hat der Insolvenzverwalter Schwierigkeiten, Entscheidungen des Insolvenzverfahrens in der Schweiz zur Geltung zu bringen. Die Neutralität des Verfahrens nach Art. 166 Abs. 1 IPRG kann abgesehen von der Beschränkung der teilnahmeberechtigten Gläubiger schon deshalb kaum gewährt werden, da weder eine Gläubigerversammlung noch ein Gläubigerausschuss gebildet werden soll. Das Verfahren bleibt in staatlicher Hand, was oftmals zu Entscheidungen führen wird, die den Gläubigerinteressen widersprechen.

Im Verfahren nach Art. 166 Abs. 2 IPRG schränkt das Niederlassungserfordernis die Gewährung von Neutralität ein.

---

[268] *Hanisch* (oben Fn. 254), JZ 1988, 737, 743; *Habscheid* (oben Fn. 254), KTS 1989, 253, 260; *Nussbaum* (oben Fn. 254), S. 35 f.
[269] Kritisch zum Wohnsitzerfordernis: *Nussbaum* (oben Fn. 254), S. 38.
[270] So auch *Hanisch* (oben Fn. 254), JZ 1988, 737, 744; a.A. wohl *Habscheid* (oben Fn. 254), KTS 1989, 253, 258; *Nussbaum* (oben Fn. 254), S. 20.

2. Gläubigergleichbehandlung

Das schweizerische Recht nimmt zwar bei im Inland eröffneten Verfahren eine universelle Geltung unter Anwendung der lex fori concursus an, was zur Folge hat, dass eine Gleichbehandlung gewährleistet ist, wenn das Recht des Staates der Belegenheit das schweizerische Recht zur Anwendung bringen lässt, für im Ausland eröffnete Verfahren bleibt es jedoch weitgehend territorialistisch geprägt. Dies ist bereits in der Regelung des Art. 166 Abs. 1 IPRG über die Rechtsfolgen der Anerkennung angelegt. Art. 170 IPRG stellt klar, dass das ausländische Verfahren tatsächlich keine Geltung in der Schweiz erlangen soll, sondern dass ein Hilfsverfahren nach schweizerischem Recht durchgeführt werden soll. Ferner kommt es zu einer Ungleichbehandlung von in- und ausländischen gesicherten Gläubigern, da nach Art. 172 IPRG ein Wohnsitz in der Schweiz Voraussetzung zur Teilnahme am Verfahren ist. Ebenso werden ungesicherte Gläubiger dann ungleich behandelt, wenn das ausländische Recht nicht den Regelungen des schweizerischen Rechts entspricht, da eine Ausschüttung an das ausländische Verfahren nur nach dem zweiten Anerkennungsverfahren erfolgt.

Auch das Verfahren nach Art. 166 Abs. 2 IPRG, Art. 50 Abs. 1 SchKG führt zu einer Ungleichbehandlung von Gläubigergruppen, was nicht durch deren Rechte gewährleistet ist, sondern nur durch die Zuordnung dieser Rechte zur Niederlassung bzw. zum Gesamtunternehmen begründet wird. Inwieweit ein Vertrauen auf die Zahlungsbereitschaft einer Niederlassung im Vergleich zum Gesamtunternehmen, solange es sich um die gleiche juristische Person handelt, eine Differenzierung der Behandlung in Insolvenz nach sich ziehen soll, bleibt fraglich.

3. Kein Eingriff in die Verteilungsrechte von Sicherungsrechten

Bei Insolvenzeröffnung in der Schweiz kann es aufgrund der grundsätzlichen Geltung der lex fori concursus zu Eingriffen in im Ausland belegene Sicherungsrechte kommen, wenn das schweizerische Recht dies vorsieht und das Recht der Belegenheit das Eröffnungsstatut gewähren lässt.

In der Schweiz belegene Sicherungsrechte können nur in dem Maße eingeschränkt werden, wie dies nach schweizerischem Recht möglich ist. Bei Insolvenzeröffnung im Ausland kann sowohl bei einem Verfahren nach Art. 166 Abs. 1 IPRG als auch bei einem nach Art. 166 Abs. 2 IPRG nur schweizerisches Recht zur Anwendung kommen.

§ 13 Japan

I. Rechtslage

Das japanische Konkursrecht ist in fünf verschiedene Verfahren gespalten. Diese sind zum Teil in Anlehnung an das deutsche Recht entstanden.[271] Für die Jahre 2001 oder 2002 ist mit einer grundlegenden Reform des japanischen Insolvenzrechts zu rechnen.[272]

Das japanische Internationale Insolvenzrecht unterliegt im Gegensatz zu europäischen Rechtsordnungen streng der Territorialität. So hat ein in Japan eröffnetes Konkursverfahren nach § 3 Abs. 1 Konkursgesetz (KG) seine Wirkung nur für in Japan belegenes Vermögen. Gemäß § 3 Abs. 2 KG hat ein im Ausland eröffnetes Konkursverfahren keine Wirkungen für in Japan belegenes Vermögen. Gleiches gilt gemäß § 4 Gesellschaftssanierungsgesetz (GSG) auch für Reorganisationsverfahren.[273] Neuere Entwicklungen deuten auf eine Lockerung hin.[274]

Die Eröffnung eines Verfahrens ist gemäß § 107 Abs. 1 KG bereits bei bloßer Vermögensbelegenheit in Japan möglich. Das GSG setzt gemäß § 6 eine Zweigniederlassung voraus. Ferner ist gemäß § 137 KG auch eine Eröffnung von Parallelverfahren möglich, dies jedoch dann nicht, wenn das zuerst eröffnete Verfahren ein Reorganisationsverfahren ist.[275]

---

[271] Vgl. dazu *Yamamoto*, Japanisches internationales Insolvenzrecht, in: Herausforderungen des Internationalen Zivilverfahrensrechts, 1994, S. 137-162, S. 137 ff.; *Matsushita*, Present and Future Status of Japanese International Insolvency Law, 1998 Texas International Law Journal 71. Zum nationalen Insolvenzrecht vgl. *Taniguchi*, § 13 Streitverfahren; Vollstreckungs- und Insolvenzverfahren; internationales Verfahrensrecht, in: Japanisches Handels- und Wirtschaftsrecht, 1994, S. 641-689, S. 676 ff; *Hiscock/Sono*, Security Interests and Insolvency in Japan, in: RabelsZ 44 (1980), 757. Zur Behandlung des Eigentumsvorbehalts in der Insolvenz vgl. *Sugishita*, Der Eigentumsvorbehalt im japanischen Recht, 1988, S. 155 ff. Zu Sicherungsrechten im allgemeinen vgl. *Kitagawa/Pilny*, § 8 Verträge, Haftung und Kreditsicherheiten, in: Japanisches Handels- und Wirtschaftsrecht, 1994, S. 299-360, S. 341 ff.

[272] *Matsushita* (oben Fn. 271), 1998 Texas International Law Journal 71, 72.

[273] *Yamamoto* (oben Fn. 271), S. 139 f.

[274] *Yamamoto* (oben Fn. 271), S. 148, S. 153, S. 158 f.; *Wood* (oben Fn. 179), S. 268 f.; *Aderhold* (oben Fn. 178), S. 144; *Matsushita*, On Current International Insolvency Law in Japan, IIR 1997, 210; *ders.* (oben Fn. 271), 1998 Texas International Law Journal 71, 86.

[275] *Yamamoto* (oben Fn. 271), S. 159.

Es gilt die lex fori concursus.[276] Es ist jedoch streitig, ob die Behandlung von Rechten der Arbeitnehmer im Insolvenzverfahren der Sonderanknüpfung an die lex loci laboris zu unterstellen ist.[277]

II. Prüfung

Ein strenges Territorialitätsprinzip muss die Gleichbehandlung von in- und ausländischen Gläubigern und die Neutralität beeinträchtigen. Im Ausland belegene Sicherungsrechte werden dadurch naturgemäß hingegen geschützt.

Positiv zu bewerten sind die Regelungen zur Zuständigkeit. Das japanische Recht ermöglicht in Verfahren nach dem Konkursgesetz einen Vermögensgerichtsstand. Dies gewährleistet anders als die EuInsVO eine umfassende Einbeziehung von Vermögensgegenständen. Ferner ist die Sonderanknüpfung an die lex loci laboris positiv zu bewerten. Trotzdem kann das japanische Recht insgesamt kaum als Vorbild gelten.

---

[276] *Yamamoto* (oben Fn. 271), S. 144 f.
[277] *Yamamoto* (oben Fn. 271), S. 155.

§ 14 Die Schweizerisch-deutschen Staatsverträge

I. Rechtslage

Einige deutsche Länder haben während des Deutschen Bundes Staatsverträge auf dem Gebiet des Konkursrechts geschlossen.[278] Der Vertrag Württembergs mit 19 Schweizerischen Kantonen vom 12.12.1825/13.5.1826[279] und der Vertrag Bayerns mit einigen Schweizerischen Kantonen vom 11.5./27.6.1834[280] sollen noch gültig sein.[281] Dagegen ist es streitig, ob der Vertrag mit Sachsen vom 18.2./26.4.1837 wieder gültig sein soll.[282]

1. Der Vertrag zwischen Württemberg und Schweizerischen Kantonen

Der Vertrag schließt eine Ungleichbehandlung von In- und Ausländern aus.[283] Ferner wird gemäß Art. 1 und 4 die extraterritoriale Wirkung und die Einheit des Konkurses vereinbart.[284] Alle Vermögenswerte des Schuldners bilden eine Masse.[285] Eine wesentliche Einschränkung enthält jedoch Art. 5 des Vertrags. In Art. 5 Abs. 1 des Vertrags bestimmte pfandrechtlich gesicherte Gläubiger können ihre Pfandrechte vor dem Gericht und nach dem Recht des Staates, in dem die Pfandsache belegen ist (lex rei sitae), gesondert geltend machen. Können die Gläubiger aus der Pfandverwertung voll befriedigt werden, gelangt ein etwaiger Überschuss gemäß Art. 5 Abs. 2 des Vertrags in die Konkursmasse. Werden die Gläubiger aus der Pfandverwertung nicht vollständig befriedigt, nehmen sie nach Art. 5 Abs. 3 des Vertrags nach den dortigen Gesetzen mit ihrer Restforderung am Konkursverfahren teil.[286]

---

[278] Vgl. die umfassende Übersicht bei *Aderhold* (oben Fn. 178), S. 152 ff.

[279] Württ. RegBl. 1828, S. 250.

[280] Bay. RegBl. 1834, Sp. 929, 1005. Welche Kantone den Vertrag geschlossen haben, ist dargestellt bei: *Habscheid* (oben Fn. 254), KTS 1989, 253, 255.

[281] *Hanisch*, Bemerkungen zur Geschichte des internationalen Insolvenzrechts, in: FS für Franz Merz, 1992, S. 159-176, S. 171; Einzelheiten vgl. bei *Spahlinger* (oben Fn. 81), S. 76 ff. m.w.N. Hier sollen nur die materiellen Regelungen der Verträge betrachtet werden.

[282] Vgl. zum Vertrag mit Sachsen: *Blaschczok*, Die schweizerisch-deutschen Staatsverträge auf dem Gebiet des Insolvenzrechts, ZIP 1983, 141; Gottwald-*Arnold*, Nachtrag "Gesamtvollstreckungsordnung" zum Insolvenzrechts-Handbuch, XI A Rn. 38 ff.

[283] *Wochner*, Staatsverträge deutscher Länder mit der Schweiz, KTS 1977, 201, 202; *Spahlinger* (oben Fn. 81), S. 77.

[284] Gottwald-*Arnold* (oben Fn. 282), § 124 Rn. 41.

[285] *Staehelin* (oben Fn. 252), RIW 1997, 95, 100.

[286] *Spahlinger* (oben Fn. 81), S. 77 f.

2. Der Vertrag zwischen Bayern und Schweizerischen Kantonen

Auch der Vertrag mit Bayern schließt wie die Übereinkunft mit Württemberg eine Ungleichbehandlung der Gläubiger aus.[287] Dieser Vertrag geht aber materiell weniger weit.[288] Ob aus dem Vertrag bezüglich beweglichen Vermögens die Anerkennung der Universalität gefolgt werden kann, ist streitig. Der Wortlaut bleibt unklar.[289]

II. Prüfung

Der Vertrag zwischen Württemberg und Schweizerischen Kantonen von 1825/1826 ist auch nach heutiger Sicht als modern zu betrachten. Bezüglich der Gleichbehandlung von in- und ausländischen Gläubigern sind zunächst die Erfassung sämtlichen Vermögens und die Gläubigergleichbehandlung positiv zu bewerten. Die Einschränkung in Art. 5 des Vertrags führt nicht wie unter Geltung der EuInsVO zu einem Ausschluss von Vermögenswerten, sondern lediglich zur Anwendung der lex rei sitae. Es muss jedoch ferner bedacht werden, dass in diesem "Sonderkonkursverfahren" eine Teilnahme ausländischer Gläubiger nicht möglich ist, was die Gleichbehandlung beeinträchtigt.

Die Neutralität wird in entsprechendem Umfang ebenfalls gewährt. Eingriffen in Sicherungsrechte bezüglich der Verteilung wird durch Geltung der lex rei sitae vorgebeugt.

Der Vertrag mit Bayern gibt aufgrund seiner geringen Regelungsdichte keine verwertbaren Aspekte her.

---

[287] *Wochner* (oben Fn. 283), KTS 1977, 201; *Spahlinger* (oben Fn. 81), S. 79.
[288] *Spahlinger* (oben Fn. 81), S. 79.
[289] Gottwald-*Arnold* (oben Fn. 282), § 124 Rn. 40; *Buchner*, Zur internationalen Zuständigkeit des Konkursverwalters, speziell im deutsch-schweizerischen Verhältnis, ZIP 1985, 1114, 1121 f.

§ 15 Der Deutsch-österreichische Konkursvertrag

I. Rechtslage

Am 25.5.1979 haben Deutschland und Österreich den Vertrag auf dem Gebiet des Konkurs- und Vergleichs-(Ausgleichs-)rechts (DöKV) gezeichnet.[290] Dieser Vertrag ist am 1.7.1985 in Kraft getreten. Er stellt für Deutschland die erste umfassende Kodifizierung des internationalen Insolvenzrechts dar, wenngleich die Wirkung auf Rechtsverhältnisse mit Österreich beschränkt ist.[291]

Nach Art. 1 DöKV erstrecken sich die Wirkungen des Konkurses nach Eröffnung in einem Vertragsstaat grundsätzlich auch auf das Gebiet des anderen Vertragsstaates. Alle rechtlichen Wirkungen, die das Konkursrecht des Staates der Konkurseröffnung an die Eröffnung, Durchführung und an die Aufhebung eines Konkursverfahrens knüpft, treten unmittelbar und ohne weiteres auch im Gebiet des anderen Vertragsstaates ein. Die Gebiete beider Staaten werden bei der Ausübung der Konkursrechtspflege weitgehend wie ein einheitliches Territorium behandelt.[292] Der DöKV verfolgt damit im Grundsatz die Prinzipien der Universalität und der Einheit des Konkurses.

Dem folgend bestimmt Art. 4 DöKV, dass das Konkursverfahren und die Wirkungen des Konkurses nach dem Recht des Staates zu beurteilen sind, dessen Gericht das Verfahren eröffnet hat. Dies ist die lex fori concursus. Eine grundsätzliche Einschränkung erfolgt jedoch bereits im letzten Halbsatz. Dort wird die Wirkung der lex fori concursus dahingehend eingeschränkt, dass im folgenden nichts anderes bestimmt ist.

Neben der Geltung der lex rei sitae bezüglich des Gutglaubensschutzes bei Rechten, die in einem mit öffentlichem Glauben versehenen Buch oder Register eingetragen sind, gemäß Art. 7 DöKV[293] und bezüglich der Nichtzugehörigkeit zur Masse wegen Unpfändbarkeit gemäß Art. 11 DöKV[294] wird die lex fori concursus insbesondere noch durch die Art. 13, 18 und 19 DöKV eingeschränkt[295], auf die hier näher eingegangen werden soll.

---

[290] BGBl. 1985 II, S. 410. Der Text ist abgedruckt in: Frankfurter Kommentar (oben Fn. 10), S. 2178 ff.

[291] Vgl. aus österreichischer Sicht: *Wiesbauer*, Der österreichisch-deutsche Konkursvertrag aus österreichischer Sicht, ZIP 1982, 1285.

[292] *Arnold*, Der deutsch-österreichische Konkursvertrag, 1987, Art. 1, S. 38.

[293] Vgl. dazu *Arnold* (oben Fn. 292), Art. 7, S. 78 f.

[294] Vgl. dazu *Arnold* (oben Fn. 292), Art. 11, S. 121 ff.

[295] Der DöKV enthält weitere Ausnahmeregelungen von Art. 4, auf die hier nicht näher eingegangen wird. Dies betrifft u.a. die Unterbrechung von anhängigen Prozessen, die

Art. 13 Abs. 1 DöKV legt die Anwendbarkeit des Rechts des Vertragsstaates fest, auf dessen Gebiet sich die Wirkungen des im anderen Staat eröffneten Konkurses erstrecken, soweit es um den Einfluss des Konkurses auf sogenannte schwebende Rechtsgeschäfte (beiderseits nicht oder nicht voll erfüllte Verträge) und um die konkursrechtliche Anfechtbarbeit von Rechtshandlungen geht.[296]

Von besonderer Bedeutung sind Art. 13 Abs. 2-4 DöKV. Sie betreffen die Einwirkungen des Konkurses auf Arbeitsverträge und Arbeitsverhältnisse, auf Miet- und Pachtverträge sowie auf Lizenzverträge mit Bezug auf Rechte an gewerblichem Eigentum. Sie bestimmen, abweichend von Art. 4 DöKV, die Anwendbarkeit des Rechts des anderen Vertragsstaates. Die Anknüpfungspunkte sind bei Arbeitsverhältnissen der Vertragsstaat, in dem der Arbeitnehmer gewöhnlich seine Arbeit verrichtet, bei unbeweglichen Sachen der Staat der Belegenheit, bei registrierten beweglichen Gegenständen der Staat der Eintragung oder Registrierung und bei Lizenzverträgen der Staat der Eintragung oder Registrierung des gewerblichen Schutzrechts.[297]

Art. 18 DöKV regelt das auf Vermögensgegenstände oder Vermögensmassen anwendbare Recht bezüglich der Aus- und Absonderung und sonstigen besonderen Rechten. Die Wirkung dieser Rechte regelt sich nach dem Recht des Staates, in dem sich Vermögensgegenstände oder Vermögensmassen zur Zeit der Eröffnung des Konkursverfahrens befinden. Damit sind alle Sicherungsrechte der lex rei sitae unterworfen. Das Recht dieses Vertragsstaates soll auch dafür bestimmend sein, wie die Rechte geltend gemacht werden sollen.[298] Es soll somit die Verwertung und Verteilung betreffen.

Art. 19 Abs. 1 DöKV bestimmt jedoch die lex fori concursus als maßgeblich, welche Ansprüche Masse- oder Konkursforderung sind und in welcher Reihenfolge diese zu befriedigen sind. Eine Ausnahme davon enthalten Abs. 2 bezüglich Arbeitsverhältnissen und Abs. 3 bezüglich Steuern, Zöllen, Gebühren und anderen öffentlich-rechtlichen Ansprüchen.

Abschließend ist noch darauf hinzuweisen, dass der DöKV zwar kein Sekundärverfahren kennt, in Art. 9 DöKV jedoch die Möglichkeit eröffnet, in dem anderen Vertragsstaat einen besonderen Konkursverwalter zu bestellen, der die Befugnisse des Konkursverwalters auf dem Gebiet des anderen

---

Wirkungen auf die Zwangsvollstreckung und persönliche Beschränkungen aufgrund des Konkurses.

296 *Arnold* (oben Fn. 292), Art. 13, S. 128.

297 *Arnold* (oben Fn. 292), Art. 13, S. 128.

298 *Arnold* (oben Fn. 292), Art. 18, S. 151.

Vertragsstaates ausübt. Dies soll jedoch keine Durchbrechung der Grundnorm des Art. 4 DöKV bedeuten. Auch der besondere Konkursverwalter ist Organ des in einem Vertragsstaat eröffneten Konkursverfahrens, untersteht dem Recht dieses Staates und wendet nach den Bestimmungen dieses Vertrags dessen Recht an. Es darf jedoch nicht übersehen werden, dass das Nebeneinander der Konkursverwalter zu Abgrenzungsschwierigkeiten und Kompetenzproblemen führen kann.[299]

II. Prüfung

1. Neutralität

Durch Bildung einer Masse und umfassende Verfügungsmacht des Insolvenzverwalters in beiden Vertragsstaaten ist die Umsetzung von Entscheidungen der Gläubiger weitgehend ermöglicht. Weder Liquidation noch Sanierung werden durch das Kollisionsrecht gefördert. Die Geltung der lex rei sitae im Insolvenzverwertungsrecht bei Sicherungsrechten stellt eine Einschränkung dar. Anders als unter Geltung der EuInsVO bleibt zumindest ein Zugriff auf alle Vermögensgegenstände bestehen.

2. Gläubigergleichbehandlung

Der DöKV unterliegt weitgehend der Universalität und Einheit des Konkurses. Die wesentliche Einschränkung in Art. 18 DöKV unterwirft jedoch Sicherungsrechte der lex rei sitae. Eine vollständige Gleichbehandlung von in- und ausländischen Gläubigern ist danach nicht möglich. Eingriffe durch das Insolvenzverwertungsrecht bleiben der jeweiligen lex rei sitae überlassen.[300] Anders als die EuInsVO ermöglicht der DöKV jedoch eine Erfassung sämtlicher Vermögensgegenstände unabhängig von ihrer Lage.

Das Verteilungsrecht richtet sich bei ungesicherten Gläubigern gemäß Art. 19 Abs. 1 DöKV nach der lex fori concursus. Somit kann hier von einer Gleichbehandlung gesprochen werden.

3. Kein Eingriff in die Verteilungsrechte von Sicherungsrechten

Die Insolvenzverteilung soll sich bei Sicherungsrechten gemäß Art. 18 DöKV nach der lex rei sitae richten. Damit ist gewährleistet, dass nur solche Eingriffe möglich sind, die das Recht der Belegenheit vorsieht.

---

[299] *Arnold* (oben Fn. 292), Art. 9, S. 95.
[300] *Arnold* (oben Fn. 292), Art. 18, S. 151.

Damit vergleichbar ist auch die Regelung des Art. 19 Abs. 2 und Abs. 3 DöKV, wonach sich der Rang im Insolvenzverteilungsrecht bei Arbeitsverhältnissen und bei Steuern, Zöllen, Gebühren sowie anderen öffentlich-rechtlichen Ansprüchen nach dem Recht des Staates ergeben soll, in dem diese Rechtsverhältnisse bestehen.

§ 16 Das Istanbuler Übereinkommen des Europarats

I. Rechtslage

Im Februar 1990 wurde das Europäische Übereinkommen über bestimmte internationale Aspekte des Konkurses (IstanbÜ) vom Europarat verabschiedet.[301] Am 5.6.1990 wurde es von der Bundesrepublik Deutschland und fünf weiteren Staaten des Europarats gezeichnet. Gemäß Art. 34 Abs. 1 IstanbÜ bedarf es zum Inkrafttreten der Ratifikation von mindestens drei Mitgliedstaaten des Europarats. Deutschland hat dies aufgrund der Neuregelung des deutschen internationalen Insolvenzrechts zurückgestellt.[302]

Das Übereinkommen regelt lediglich bestimmte internationale Aspekte des Konkurses. Es soll der internationalen Verständigung dienen, jedoch nationale Besonderheiten nicht beeinträchtigen.[303] So kann sich gemäß Art. 40 IstanbÜ jeder beitretende Staat vorbehalten, Kapitel II oder III des Übereinkommens nicht anzuwenden.[304] Die Verbindlichkeit der Regelungen ist dadurch stark eingeschränkt. Umgekehrt kann gemäß Art. 15 IstanbÜ jeder Staat von sich aus dem ausländischen Verfahren mehr Rechte im Inland zugestehen als im Übereinkommen vorgesehen.[305]

Nach Art. 14 Abs. 2, Buchst. a IstanbÜ darf der Verwalter in Vertragsstaaten außerhalb des Staates der Konkurseröffnung keine Handlungen vornehmen, die nach dem Recht dieses Staates wirksam bestellte oder anzuerkennende dingliche Sicherheiten anderer Personen als der des Schuldners beeinträchtigen. Damit gewährt das Übereinkommen einem Verfahren keine Wirkung bezüglich Sicherungsrechten an Vermögen, das außerhalb des Staates der Verfahrenseröffnung belegen ist.[306]

---

[301] Der Text ist abgedruckt in: Frankfurter Kommentar (oben Fn. 10), S. 2218 ff.

[302] *BMJ (Hrsg.)*, Referentenentwurf, Einführungsgesetz zum Gesetz zur Reform des Insolvenzrechts, Köln 1990, S. 6.

[303] *Fletcher*, The Law Of Insolvency, 2nd ed., 1996, S. 779 f.

[304] Vgl. *Fletcher*, The Istanbul Convention and the Draft EEC Convention, in: Festschrift für Hans Hanisch, 1994, S. 89-107, S. 104.

[305] Vgl. auch *Trautman/Westbrook/Gaillard* (oben Fn. 81), 41 The American Journal of Comparative Law 573 (1993), S. 594.

[306] *Metzger*, Die Umsetzung des Istanbuler Konkursübereinkommens in das neue deutsche Internationale Insolvenzrecht, 1994, S. 115 f.; *Favoccia* (oben Fn. 143), 1991, S. 156 f.; *Trautman/Westbrook/Gaillard* (oben Fn. 81), 41 The American Journal of Comparative Law 573 (1993), S. 594.

Ferner ist der Verwalter gemäß Art. 11 Abs. 1 IstanbÜ erst zwei Monate nach Veröffentlichung der Eröffnungsentscheidung befugt, nach Art. 10 Abs. 1 IstanbÜ in anderen Vertragsstaaten belegenes Vermögen zu verwalten, über es zu verfügen und es zu diesem Zweck aus dem Belegenheitsstaat zu entfernen. Somit behält der Gemeinschuldner innerhalb dieses Zeitraums seine Verwaltungs- und Verfügungsbefugnis im Ausland.[307]

Sekundärinsolvenzverfahren sind in den Art. 16 ff. IstanbÜ geregelt. Nach Art. 17 IstanbÜ genügt die Belegenheit von Vermögen zur Eröffnung eines Sekundärverfahrens. Es gilt nach Art. 19 IstanbÜ das Recht des Staates der Eröffnung des Sekundärverfahrens. Darüber hinaus ist gemäß Art. 18 der Verwalter des Hauptverfahrens antragsberechtigt. Im Sekundärinsolvenzverfahren können jedoch nur in Art. 21 IstanbÜ genannte bevorrechtigte Forderungen sowie dinglich gesicherte Forderungen[308] befriedigt werden. Alle anderen Forderungen sind im Hauptverfahren geltend zu machen.

II. Prüfung

1. Neutralität

Die Norm des Art. 11 Abs. 1 IstanbÜ führt auch zur Beeinträchtigung der Neutralität des Verfahrens, da Sanierungsentscheidungen kaum zu realisieren sind, wenn nicht von Anfang an Verwaltungsbefugnis im Ausland besteht.[309] Auch die Geltung verschiedener Rechtsordnungen im Insolvenzverwertungsrecht kann zu Schwierigkeiten in der Durchsetzung von Gläubigerinteressen führen.

2. Gläubigergleichbehandlung

Gemäß Art. 14 Abs. 2, Buchst. a IstanbÜ ist ein Zugriff des Verwalters auf im Ausland belegene Sicherungsrechte nicht möglich. Eine Gleichbehandlung bezüglich gesicherter Gläubiger ist damit nicht möglich.

Vermögen gesicherter Gläubiger kann nur durch Sekundärverfahren einbezogen werden. Hier gilt die lex fori concursus des Staates der Eröffnung des

---

[307] *Metzger* (oben Fn. 306), S. 62.

[308] *Metzger* (oben Fn. 306), S. 159 f.; *Favoccia* (oben Fn. 143), S. 157; *Trautman/Westbrook/Gaillard* (oben Fn. 81), 41 The American Journal of Comparative Law 573 (1993), S. 598 f. In Abgrenzung zum EuInsÜ vgl. *Balz*, The European Union, IIR (Special Confererance Issue) 1995, 60, 67 f.

[309] Ablehnend ebenfalls *Deutscher Anwaltverein*, Stellungnahme des Insolvenzrechtsausschusses des Dt. Anwaltvereins e.V. zum Entwurf eines Europäischen Übereinkommens über den Konkurs (EuR-Entwurf 1988), Bonn 1988, S. 14 ff.

Sekundärverfahrens. Ferner können hier nur bevorrechtigte und dinglich gesicherte Gläubiger teilnehmen. Dadurch erfolgt eine Ungleichbehandlung gegenüber ungesicherten Gläubigern.

Positiv zu bewerten ist, dass die Belegenheit von Vermögen ausreicht, um ein Verfahren eröffnen zu können. Damit ist zumindest gewährleistet, dass alle Vermögensgegenstände erfasst werden können, auch wenn mehrere Verfahren und Rechtsordnungen notwendig sind.

3. Kein Eingriff in die Verteilungsrechte von Sicherungsrechten

Der Verwalter des Hauptinsolvenzverfahrens hat keine Möglichkeit des Zugriffs auf im Ausland befindliche Vermögensgegenstände, die mit Sicherungsrechten Dritter belegen sind. In Sekundärverfahren kommt jeweils nur das Recht der Belegenheit bezüglich der Insolvenzverteilung zur Geltung. Eine Einschränkung von Sicherungsrechten in der Insolvenzverteilung ist daher immer nur nach dem Recht möglich, dem das Sicherungsrecht unterliegt.

§ 17 Das UNCITRAL-Modellgesetz

I. Rechtslage

Die Kommission der Vereinten Nationen für Internationales Handelsrecht (UNCITRAL) hat während ihrer 30. Sitzung vom 12.-30.5.1997 in Wien ein Modellgesetz über grenzüberschreitende Insolvenzen beschlossen.[310] Dieses hat die UN-Vollversammlung am 15.12.1997 gebilligt.

Das Modellgesetz soll den nationalen Gesetzgebern in allen Staaten der Welt als Muster bei bei Schaffung eines internationalen Insolvenzrechts dienen, das den Anforderungen des modernen Welthandels mit seinen zahlreichen Freihandelszonen und multinationalen Konzernen gerecht wird.[311] Es beschränkt sich im wesentlichen auf die Fragen der Anerkennung ausländischer Insolvenzverfahren, der justiziellen Zusammenarbeit und des Gerichtszugangs für ausländische Insolvenzverwalter.[312]

Gemäß Art. 13 Abs. 1 des Modellgesetzes haben ausländische Gläubiger in inländischen Verfahren dieselben Verfahrensrechte wie inländische Gläubiger. Gemäß Abs. 2 soll dies gemäß dem Grundsatz der Gläubigergleichbehandlung grundsätzlich auch für die materielle Rangfolge von Insolvenzforderungen gelten. Es sei jedoch das Anliegen des Modellgesetzes, nicht in das materielle Insolvenzrecht der Staaten einzugreifen. Deshalb erlaubt es eine besondere Einstufung ausländischer Ansprüche. Als Mindestrang für ausländische Ansprüche ist derjenige der allgemeinen, nichtbevorrechtigten Ansprüche vorgeschrieben, es sei denn, dass entsprechende inländische Ansprüche niedriger eingestuft sind.[313]

Grundsätzlich sollen alle ausländischen Verfahren anerkannt werden. Es erfolgt keine rechtliche Überprüfung der Entscheidung des ausländischen Gerichts.[314]

---

[310] Der Text ist abgedruckt in: Frankfurter Kommentar (oben Fn. 10), S. 2239.

[311] *Benning/Wehling*, Das "Model Law on Cross-Border Insolvency" der Vereinten Nationen, EuZW 1997, 618, 619.

[312] *Wimmer*, Die UNCITRAL-Modellbestimmungen über grenzüberschreitende Insolvenzverfahren, ZIP 1997, 2220. Vgl. auch *Markus*, Das neue UNCITRAL-Modellgesetz betreffend grenzüberschreitende Insolvenz, SZW/RSDA 1998, 15, 19; *Prior*, The UNCITRAL Model Law on cross-border insolvency, Tolley's Insolvency Law & Practice 1998, 215; *Harmer*, UNCITRAL Model Law on Cross-Border Insolvency, IIR 1997, 145.

[313] Vgl. *Benning/Wehling* (oben Fn. 311), EuZW 1997, 618, 620; *Wimmer* (oben Fn. 312), ZIP 1997, 2222; *Markus* (oben Fn. 312), SZW/RSDA 1998, 15, 25.

[314] *Benning/Wehling* (oben Fn. 311), EuZW 1997, 618, 620.

Es findet jedoch ein formelles Anerkennungsverfahren statt.[315] Die einzelnen Voraussetzungen sind in Art. 15 ff. des Modellgesetzes geregelt. Das Erfordernis der internationalen Zuständigkeit fehlt.[316]

Art. 28 des Modellgesetzes lässt Zweitverfahren zu. Die Wirkung dieser Verfahren soll auf das Inlandsvermögen beschränkt bleiben. Die Abstimmung mehrerer Verfahren ist in Art. 29 f. des Modellgesetzes geregelt.

II. Prüfung

1. Neutralität

Die Regelungen des UNCITRAL-Modellgesetzes gewähren keinen Zugriff des Insolvenzverwalters auf Vermögensgegenstände im Ausland. Das materielle Insolvenzrecht der Staaten soll nicht berührt werden. Neutralität kann so kaum gewährleistet werden. Positiv zu bewerten sind die Möglichkeit der Eröffnung von Zweitverfahren, um Vermögen einzubeziehen, und die Abstimmungsregelungen in Art. 29 f. des Modellgesetzes.

2. Gläubigergleichbehandlung

Das UNCITRAL-Modellgesetz bemüht sich, die Gleichbehandlung in- und ausländischer Gläubiger auf einem Mindestmaß zu gewährleisten. Dem dient die Gewährung von Verfahrensrechten nach Art. 13 Abs. 1, der Mindestrang von Insolvenzforderungen gemäß Art. 13 Abs. 2 und die grundsätzliche Anerkennung ausländischer Verfahren.

Das UNCITRAL-Modellgesetz bleibt trotz der Bemühungen weit hinter einer tatsächlichen Gleichbehandlung zurück.

3. Kein Eingriff in die Verteilungsrechte von Sicherungsrechten

Durch das UNCITRAL-Modellgesetz kann es zu keinen Eingriffen kommen, da hier keine Normierung erfolgt ist. Es bleibt somit beim autonomen nationalen Recht.

---

315 *Markus* (oben Fn. 312), SZW/RSDA 1998, 15, 27.
316 *Wimmer* (oben Fn. 312), ZIP 1997, 2222.

§ 18 Exkurs: Lösung durch Protokolle und Rechtswahl

An dieser Stelle sei darauf hingewiesen, dass es im anglo-amerikanischen Recht auch andere Lösungen grenzüberschreitender Insolvenzen gibt.

Durch Protokolle[317], die zwischen Verwaltern oder Gerichten verschiedener Staaten geschlossen werden, wird der Versuch unternommen, entweder fehlende Regelungen des internationalen Insolvenzrechts durch privatrechtliche Vereinbarung zu schaffen oder auf der Grundlage der bestehenden Bestimmungen auf den Einzelfall bezogene Lösungsansätze zu ermöglichen.[318]

Interessant ist dies insbesondere, um eine Unternehmenssanierung zu ermöglichen, wenn wesentliche Unternehmensteile auf verschiedene Staaten verteilt sind.

So stellten sich im Fall der Maxwell Communications-Gruppe (MCC) die Fragen, wie das englische Management und die englischen Verwalter das amerikanische Vermögen der MCC konsolidieren konnten, ohne ihre nach englischem Recht bestehenden konkursrechtlichen Pflichten gegenüber den Gläubigern zu verletzen, und wie der amerikanische Unternehmensteil hinreichend an der Reorganisation beteiligt werden konnte. Die Lösung war, die Verwaltung der MCC auf das gemeinsame Sanierungsziel hin zu koordinieren und hierfür die Zustimmung beider Konkursgerichte zu erlangen.[319]

Inwieweit die Regelungen des Insolvenzplanverfahrens nach §§ 217 ff. InsO geeignet sind, Protokolle zu ermöglichen, bleibt zweifelhaft.[320] Anderseits sind die oftmals pragmatischen Regelungen des anglo-amerikanischen Rechts vor dem Hintergrund des kontinentaleuropäischen civil law in ihrer ganzen Konsequenz kaum vorstellbar.

Für die weitere Behandlung des internationalen Insolvenzrechts kann jedoch festgehalten werden, dass Freiräume und Verantwortlichkeiten im Verfahren oftmals gegenüber ausgefeilten Gesetzesregelungen den Vorzug verdienen.

---

317 Vgl. beispielhaft: Abwicklung einer grenzüberschreitenden Insolvenz nach Vereinbarung ("Nakash-Protocol"), ZIP 1998, 1013.
318 *Paulus*, "Protokolle" - ein anderer Zugang zur Abwicklung grenzüberschreitender Insolvenzen, ZIP 1998, 977, 981; *ders.*, Verbindungslinien des modernen Insolvenzrechts, ZIP 2000, 2189, 2194 f.
319 *Göpfert*, In re Maxwell Communications - ein Beispiel einer "koordinierten" Insolvenzverwaltung in parallelen Verfahren, ZZPInt 1 (1996), 269, 272.
320 *Paulus* (oben Fn. 318), ZIP 1998, 977, 981.

Einen anderen Ansatz stellt die Überlegung dar, Unternehmen sollten bereits bei ihrer Gründung aus einer Reihe von möglichen Insolvenzstatuten wählen können, welches Recht im Falle der Insolvenz zur Anwendung kommen sollte.[321] Zwar könnten sich somit Gläubiger bei Abschluss von Verträgen klar darüber werden, unter welchen Bedingungen in der Insolvenz Forderungen bzw. Sicherungsrechte geltend gemacht werden, jedoch ändert dies nichts an der systematischen Zweckmäßigkeit bzw. Unzweckmäßigkeit von insolvenzrechtlichen Regelungen. Ein weiteres Problem stellt die geringe Bedeutung der Wahl des Insolvenzrechtstatuts für den Entscheider bei Gründung des Unternehmens dar, da er zunächst nicht mit der Insolvenz rechnen wird und im Falle der Insolvenz davon auch kaum noch betroffen sein wird. Ferner wird die Gläubigerautonomie insofern doch beeinträchtigt, als dass sich auch die Vertragsbeziehungen kaum an möglicherweise zum Tragen kommenden insolvenzrechtlichen Normen ausrichten werden.

[321] *Rasmussen*, A New Approach to Transnational Insolvencies, 19 Michigan Journal of International Law 1 (1997).

§ 19 Abschließende Stellungnahme

Es bleibt festzuhalten, dass in keiner der beschriebenen Rechtsordnungen und in keinem Übereinkommen oder Modellgesetz gewährleistet ist, dass alle genannten Prinzipien, die das deutsche Insolvenzrecht prägen, auch in grenzüberschreitenden Insolvenzverfahren zur Geltung gelangen.[322] Je nach Hinwendung zu einem universalen oder zu einem territorialen Ansatz werden entweder der Nichteingriff in Sicherungsrechte im Insolvenzverteilungsrecht oder die Gläubigergleichbehandlung und die Neutralität nicht gewährleistet.

Weder die EuInsVO noch die anderen Regelwerke sind daher in der Lage, dem Grundsatz Rechnung zu tragen, dass das Internationale Insolvenzrecht gewährleisten soll, dass die Regelungsziele des Insolvenzrechts auch in grenzüberschreitenden Insolvenzsachverhalten gelten.[323]

---

[322] In jüngster Zeit sind auch Bestrebungen des IWF zur Vereinheitlichung des Internationalen Insolvenzrechts bekannt geworden. Die Zielrichtung der Arbeiten daran sind jedoch noch so wenig absehbar, dass von einer Begutachtung Abstand genommen wurde. Vgl. auch *Paulus*, Der Internationale Währungsfonds und das internationale Insolvenzrecht, IPRax 1999, 148.

[323] *Trunk* (oben Fn. 1), S. 12.

Teil IV: Spezielle Problemfelder

§ 20 Anknüpfung

I. Verwertung

1. Universales (Haupt-)verfahren

Betrachtet man zunächst ein universal geltendes Verfahren, das, wenn weitere Verfahren eröffnet würden, als Hauptverfahren zu bezeichnen ist, dann stellen sich folgende zwei Fragen: Inwieweit muss das Insolvenzverwertungsrecht auf Sicherungsrechte einwirken und nach welchen Regeln soll die Anknüpfung erfolgen?

a) Einwirken des Insolvenzverwertungsrechts auf im Ausland belegene Sicherungsrechte

Fraglich ist, ob das Recht des Verfahrensstaates auch für im Ausland gelegene Sicherungsrechte gelten soll oder ob das Recht des Staates der Belegenheit des Sicherungsrechts Anwendung finden sollte. Ersteres würde bedeuten, dass die Verwertungsbefugnisse der Inhaber dieser Rechte nach dem Insolvenzrecht des Verfahrensstaates eingeschränkt oder aufgehoben würden.[324] Zweck des Insolvenzverwertungsrechts ist es, dem common-pool-Problem Rechnung zu tragen, d.h. Verbundwerte, die in dem Schuldnervermögen stecken mögen, nicht durch eine Zerschlagung in die einzelnen Vermögensbestandteile zu verschwenden.[325] Den Regeln über die Verwertung des Schuldnervermögens universellen Geltungsanspruch zu verleihen, ist die einzige Maßnahme, die geeignet ist, das genannte Regelungsziel in grenzüberschreitenden Sachverhalten zu erreichen.[326]

Zur Begründung werden drei weitere Argumente genannt: Wäre die Zerschlagung des Schuldnervermögens durch eine Zerlegung des Vermögens in seine einzelnen Bestandteile kein Regelungsproblem, könnte man jedem Gläubiger die Möglichkeiten der Einzelverwertung belassen und sich auf die Statuierung von Ausgleichsansprüchen beschränken.[327] Ferner setze eine Fortführung des Unternehmens während des Insolvenzverfahrens voraus, dass

---

[324] *v. Wilmowsky* (oben Fn. 42), S. 299.
[325] *Jackson* (oben Fn. 11), S. 57 ff.
[326] *v. Wilmowsky* (oben Fn. 42), S. 300; *ders.* (oben Fn. 42), EWS 1997, 299.
[327] *v. Wilmowsky* (oben Fn. 42), S. 301.

das Vermögen in einer Hand liege.[328] Schließlich bedürfe der Abschluss eines Insolvenzverfahrens einer universellen Geltung des Insolvenzverwertungsrechts, wenn die Erhaltung des Unternehmens zu den Verwertungsoptionen gehören solle.[329] Die beiden letzten Aussagen müssten vielleicht dahingehend relativiert werden, dass Fortführung und Erhaltung des Unternehmens zumindest stark erschwert würden.[330]

Einwände gegen die Geltung des Rechts des Verfahrensstaates in der Insolvenzverwertung von Sicherungsrechten werden in der Regel mit Bedenken gegenüber der Geltung dieses Rechts in der Insolvenzverteilung begründet.[331] Dies folgt aus einer unzureichenden Differenzierung zwischen dem Verwertungs- und Verteilungsrecht.

b) Anknüpfung

Die zweite Frage betrifft die Anknüpfung. Ist es in verschiedenen Staaten gleichzeitig möglich, universale Insolvenzverfahren zu eröffnen, so kommt es bei Geltung der lex fori concursus zur Überschneidung der Wirkungserstreckung. Dies geschieht dann, wenn verschiedene Anknüpfungen erfolgen. Denkbar ist die Eröffnung eines universal geltenden Verfahrens am Sitz des Schuldners[332], am Ort der Gründung des Unternehmens[333] oder am Ort der Belegenheit von Vermögen[334].

Prinzipiell ist jede Rechtsordnung geeignet, die Verwertung des Schuldnervermögens vorzunehmen, solange gewährleistet ist, dass die Verwertung einer einzigen Rechtsordnung unterliegt.[335] Der Kompetenzkonflikt ist auf verschiedene Art zu lösen. Im Rahmen eines Übereinkommens könnte eine

---

[328] v. *Wilmowsky* (oben Fn. 42), S. 302.
[329] v. *Wilmowsky* (oben Fn. 42), S. 302.
[330] Vgl. zu den damit verbunden Problemen *Reinhart* (oben Fn. 175), S. 285 ff.; *Morris/Kirschner*, Cross-border rescues and asset recovery - problems and solutions, Tolley's Insolvency Law & Practice 1994, 42.
[331] Vgl. nur Frankfurter Kommentar-*Wimmer* (oben Fn. 10), Anhang I Rn. 33; *Hanisch* (oben Fn. 138), ZIP 1992, 1125, 1130.
[332] Diese Anknüpfung schreibt Art. 3 Abs. 1 EG-Verordnung für Unternehmen vor, wenn nicht bewiesen wird, dass dies nicht der Mittelpunkt der hauptsächlichen Interessen ist.
[333] Gegen eine Anknüpfung an den Ort der Gründung wird vorgebracht, der Hauptgläubiger könne Einfluss auf die Wahl der für die Insolvenz geltende Rechtsordnung nehmen, vgl. *v. Wilmowsky* (oben Fn. 42), S. 307 ff. Diese Bedenken sind unangebracht. Einflussmöglichkeiten von Gläubigern sind Ergebnis von Wettbewerb. Vertraglich zulässige Rechtswahl sollte daher nicht eingeschränkt werden.
[334] Vgl. die Beispiele bei *v. Wilmowsky* (oben Fn. 42), S. 314, Fn. 275.
[335] v. *Wilmowsky* (oben Fn. 42), S. 307.

Verständigung auf eine Anknüpfungsmöglichkeit erfolgen, wobei die Belegenheit von Vermögen in der Regel nicht die Beschränkung auf einen Ort zur Folge haben wird. Dies ist in Art. 3 Abs. 1 EuInsVO geschehen. Ferner bestünde die Möglichkeit, Verfahrenseröffnungen an die Bedingung zu knüpfen, dass noch kein anderes Verfahren über den gleichen Schuldner eröffnet wurde.

c) Prüfung an den Kriterien des deutschen Rechts

Die Geltung der lex fori concursus im Verwertungsrecht führt zur Anwendung einer Rechtsordnung auf alle Sicherungsrechte, unabhängig davon, wo diese belegen sind. In- und ausländische Gläubiger können insoweit nicht ungleich behandelt werden, als nicht bereits die lex fori concursus selbst zwischen in- und ausländischen Gläubigern differenziert.

Das common-pool-Problem wird auf diese Weise gelöst, da eine Verwertung im Verbund und unter einer Rechtsordnung entsprechend wirtschaftlicher Erfordernisse möglich bleibt. Die Geltung der lex rei sitae, wie von einem Teil der deutschen Rechtslehre gefordert, oder eine Nichteinbeziehung entsprechend Art. 5 oder 7 EuInsVO oder § 390 RegE InsO kann dies nicht erreichen. Auch die als fortschrittlich gepriesenen US-amerikanischen oder schweizerischen Regeln über Hilfsverfahren können die Möglichkeit eines unbeschränkten universalen Verfahrens im Verwertungsrecht nicht ersetzen.

2. Partikularverfahren

Unter Partikularverfahren sollen hier auf das Vermögen im Inland eröffnete Verfahren verstanden werden, ohne dass bereits ein universal wirkendes Verfahren gegen den gleichen Schuldner eröffnet wurde. Sekundärverfahren sind unten gesondert dargestellt.

Mit den gleichen Argumenten, mit denen die Notwendigkeit der Geltung der lex fori concursus im Insolvenzverwertungsrecht begründet wurde, lässt sich die Zulässigkeit von Partikularverfahren verweigern. Die Beschränkung der Geltung eines Verfahrens auf das Inlandsvermögen, ohne dass die Möglichkeit besteht, im Ausland belegene Sicherungsrechte einzubeziehen, führt zum gleichen Ergebnis, als würden in einem universal wirkenden Verfahren Sicherungsrechte von der Wirkung der lex fori concursus ausgenommen. In beiden Fällen kommt es zu einer Aufteilung des Zugriffs auf Sicherungsrechte. Eventuell vorhandene Verbundwerte gingen verloren.[336] Auch die Begründung der Zulässigkeit von

[336] *v. Wilmowsky* (oben Fn. 42), S. 315.

Partikularverfahren erfolgt lediglich mit Überlegungen des Insolvenzverteilungsrechts.[337]

II. Verteilung

1. Universales (Haupt-)verfahren

Zunächst muss zur Konkretisierung der Fragestellung festgehalten werden, dass die Entstehung sowie Bestand und Umfang von Sicherungsrechten unstreitig dem Recht des Staates folgt, in dem es belegen ist.[338] Es geht also im folgenden darum, welches Insolvenzverteilungsrecht über mögliche Eingriffe in Sicherungsrechte entscheiden soll.

a) Lex fori concursus

Ebenso wie im Insolvenzverwertungsrecht stellt sich im Insolvenzverteilungsrecht die Frage, ob das Recht des Staates der Verfahrenseröffnung auch bei Auslandsbezügen zur Anwendung kommen soll. Folgt man der hier beschriebenen Auffassung, dass das Internationale Insolvenzrecht die Aufgabe hat, die Regelungsziele des Insolvenzrechts in Insolvenzsachverhalten mit Auslandsbezug zu verwirklichen[339], so muss man im deutschen Recht berücksichtigen, dass nach der Begründung des Regierungsentwurfs bezüglich der Insolvenzverteilung keine Eingriffe in Vermögensrechte erfolgen sollen.[340]

Käme das Recht des Staates der Eröffnung des Insolvenzverfahrens in Verteilungsfragen zur Anwendung, so würde das Sachrecht dieses Staates auch über Verteilungseingriffe in das durch Sicherungsrechte geschützte Vermögen des Schuldners, das dem Recht eines anderen Staates unterliegt, befinden.[341] Angesichts der Verschiedenheit des Insolvenzsachrechts auch innerhalb Europas[342] kann auf diesem Weg das Ziel des deutschen Rechts in grenzüberschreitenden Sachverhalten nicht realisiert werden.

Der Notwendigkeit der Geltung der lex fori concursus im Insolvenzverwertungsrecht steht demnach die Ablehnung dieser Rechtsordnung im Insolvenz-

---

[337] Vgl. die Begründung des Regierungsentwurfs, BR-Drucks. 1/92, S. 237.
[338] Vgl. die ausführliche Darlegung bei *v. Wilmowsky* (oben Fn. 42), S. 259 f., S. 285 f.
[339] *Trunk* (oben Fn. 1), S. 12.
[340] BR-Drucks. 1/92, S. 78 f.
[341] So jedoch Nerlich/Römermann-*Mincke* (oben Fn. 10), Art. 102 EGInsO Rn. 223 ff., 346.
[342] Vgl. nur die Darstellung zum französischen Recht oben unter § 9 im Vergleich zum deutschen Recht oben unter § 6 oder zum englischen Recht oben unter § 8.

verteilungsrecht gegenüber.[343] Offen bleibt somit, welche Rechtsordnung im Insolvenzverteilungsrecht zur Geltung kommen soll.

b) Belegenheitsstatut

Die Geltung des Belegenheitsstatuts[344] hätte zur Folge, dass über Eingriffe in Sicherungsrechte jeweils das Recht des Staates zu entscheiden hätte, in dem das Sicherungsrecht belegen ist, bei Rechten an Forderungen entsprechend das Forderungsstatut. Dies erscheint zunächst zweckmäßig. Es ist jedoch zu fragen, welche Eingriffe ggf. vorgenommen werden und welchen Zweck diese verfolgen. Das deutsche Recht kennt diese Eingriffe nicht.[345]

In Frankreich besteht in Art. L 143-10 Abs. 1 Code du travail eine Norm zum Schutz von Arbeitnehmerrechten, die Sicherungsrechte bezüglich der Verteilung einschränkt. Dieses Superprivileg hat den Zweck, dass Arbeitnehmerforderungen zuungunsten von Sicherungsrechten vorab befriedigt werden. Der französische Gesetzgeber hatte bei der Schaffung dieser nationalen Sachnorm naturgemäß französische Arbeitnehmer oder in Frankreich tätige Arbeitnehmer im Blick.

Folgt man der Geltung des Belegenheitsstatuts für Eingriffe in Sicherungsrechte, so hätte dies jedoch zur Folge, dass in Frankreich belegene Sicherungsrechte entsprechend der genannten Norm zugunsten von Arbeitnehmern eingeschränkt würden. Sind Sicherungsrechte jedoch in einem anderen Staat belegen, das dieses Superprivileg nicht kennt, so könnten auch französische Arbeitnehmer oder dort tätige Arbeitnehmer anderer Nationalität dieses nicht geltend machen. Umgekehrt könnten beispielsweise deutsche Arbeitnehmer sich ebenfalls bezüglich in Frankreich belegene Sicherungsrechte auf das Superprivileg berufen[346], während sie dies für in Deutschland belegene Sicherungsrechte nicht können.[347] Diese Folge der Anknüpfung an das Belegenheitsstatut erscheint willkürlich.[348]

---

343 Ebenso *v. Wilmowsky* (oben Fn. 42), S. 319; a.A. Heidelberger Kommentar-*Kirchhof* (oben Fn. 10), Art. 102 EGInsO Rn. 12.

344 Dies war auch in Art.44 des Entwurf von 1980 für ein EG-Konkursübereinkommen vorgesehen. Der Text ist abgedruckt in: ZIP 1980, 582 und ZIP 1980, 811; ferner *Kegel (Hrsg.)* (oben Fn. 55), S. 45 ff.

345 Auch § 59 KO führte nicht zu Eingriffen in Sicherungsrechte, sondern lediglich zu einer Bevorzugung gegenüber ungesicherten Gläubigern.

346 *Witz/Zierau* (oben Fn. 235), RIW 1989, 929, 931.

347 Vgl. auch *v. Wilmowsky* (oben Fn. 42), S. 323.

348 Ähnliche Bedenken hat *Hanisch* während der Diskussion zum Europäischen Insolvenzübereinkommen im Rahmen der Zivilprozessrechtslehrertagung, die vom 1.-4.4.1998 in Leipzig stattfand, geäußert. *Taupitz* folgt *Hanisch*, bleibt jedoch unklar. Vgl. *Heiderhoff* (oben Fn. 68), ZZP 1998, 351, 352, 355.

c) Schutzstatut

Eingriffe in Sicherungsrechte könnten alternativ den jeweiligen Schutzstatuten entnommen werden. Dies würde bedeuten, dass Sicherungsrechte unabhängig von ihrer Belegenheit immer dann Eingriffen unterliegen würden, wenn ein nationales Schutzstatut dies für einen bestimmten Sachverhalt vorsieht. Werden einzelne Gläubigergruppen durch ein Schutzstatut insolvenzrechtlich bevorzugt, so soll diese Besserstellung nicht davon abhängig sein, ob die Vermögensgegenstände des Schuldners, aus den sich diese Gläubiger befriedigen könnten, im In- oder Ausland belegen sind.

Insolvenzvorrechte von Arbeitnehmern zuungunsten von Sicherungsgläubigern würden der Rechtsordnung des Staates unterliegen, in dem sich der Ort der Beschäftigung befindet.[349] Dem folgt auch der Deutsch-österreichische Konkursvertrag[350] und das japanische Recht[351].

Im Falle des französischen Supervorrechts gemäß Art. L 143-10 Abs. 1 Code du travail bedeutet dies, dass in Frankreich beschäftigte Arbeitnehmer eine vorrangige Befriedigung zuungunsten von Sicherungsgläubigern erhalten, unanhängig davon, ob das Sicherungsrecht in Frankreich oder im Ausland belegen ist. Umgekehrt können in Deutschland beschäftigte Arbeitnehmer sich auch bezüglich in Frankreich belegenen Sicherungsrechten nicht auf das französische Supervorrecht berufen, da sie einem Schutzstatut des deutschen Rechts unterliegen müssten, dieses Schutzstatut in Deutschland jedoch nicht besteht.

Für Eingiffe in Sicherungsrechte zugunsten von Verbraucherrechten käme als Schutzstatut das Recht des Staates in Frage, in dem der Verbraucher seinen gewöhnlichen Aufenthalt hat oder das des Staates, in dem der Ort der Vertragsanbahnung liegt.[352] Eingriffe zugunsten der Umwelt sollten sich auf die Umwelt des eigenen Staates beschränken.[353] Zum Schutz unfreiwilliger

---

[349] Vgl. zum deutschen Internationalen Arbeitsrecht: *Junker*, Internationales Arbeitsrecht im Konzern, 1992, S. 109 f.

[350] Art. 19 Abs. 2 Deutsch-österreichischer Konkursvertrag. Vgl. die Darstellung des Vertrags oben unter § 15. Der Text ist abgedruckt in: BGBl. 1985 II, S. 410; ferner Frankfurter Kommentar (oben Fn. 10), S. 2178 ff. So auch *v. Wilmowsky* (oben Fn. 42), S. 326; ähnlich auch *Köndgen* (oben Fn. 43), in: Jahrbuch für Neue Politische Ökonomie, 18. Band, 1999, S. 52-80, S. 73 ff. *Trunk* diskutiert diese Anknüpfung ebenfalls, kommt im Ergebnis jedoch zu einem anderen Ergebnis, vgl. *Trunk* (oben Fn. 1), S. 394 ff.

[351] Vgl. oben unter § 13.

[352] *v. Wilmowsky* (oben Fn. 42), S. 327.

[353] *v. Wilmowsky* (oben Fn. 42), S. 328.

Kreditgeber würde sich bezüglich von Unterhaltsansprüchen der Wohnort des Unterhaltsberechtigten anbieten.[354] Eingriffe zugunsten der Kosten des Verfahren sollten sich auf das eigene Verfahren beschränken.[355]

d) Prüfung an den Kriterien des deutschen Rechts

Die Diskussion um die Geltung des Belegenheits- oder des Schutzstatuts für Eingriffe in Sicherungsrechte im Insolvenzverteilungsrecht ist in weiten Teilen eine theoretische. Bis heute käme lediglich das Schutzstatut zugunsten von Arbeitnehmern in Frage, das Sicherungsrechte einschränken könnte. In allen anderen Sachverhalten kämen Belegenheits- und Schutzstatut gleichermaßen zum Ergebnis, dass Sicherungsrechte bezüglich der Insolvenzverteilung nicht einzuschränken sind. Blickt man zusätzlich noch auf die einzelnen Schutzstatuten verschiedener Staaten, so bleibt das französische Supervorrecht gemäß Art. L 143-10 Abs. 1 Code du travail, das dem gläubigerkritischen französischen Insolvenzrecht folgend zu Beschränkungen von Sicherungsrechten bezüglich der Insolvenzverteilung führt. Einzig hier kommt der Unterschied zwischen der Geltung des Belegenheits- oder des Schutzstatuts für Eingriffe in Sicherungsrechte zum Tragen.

Im folgenden sollen beide Lösungsmöglichkeiten einer Prüfung an den Prinzipien des deutschen Rechts unterzogen werden.

Im Verteilungsrecht muss zunächst berücksichtigt werden, dass der deutsche Gesetzgeber neben einer Gleichbehandlung der Gläubiger[356] auch einen Nichteingriff in Sicherungsrechte im Insolvenzverteilungsrecht[357] erzielen wollte. Die Gläubigergleichbehandlung muss sich bei gesicherten Gläubigern im Insolvenzverteilungsrecht somit darauf beschränken, dass durch das Kollisionsrecht selbst keine Ungleichbehandlung der Rechte in- und ausländischer Gläubiger erfolgt. Ungesicherte Gläubiger unterfallen jedoch dem Gleichbehandlungserfordernis, da der Schutz, den das deutsche Recht für Sicherungsrechte formuliert, hier nicht greift. Die Behandlung ungesicherter Gläubiger ist daher einer Rechtsordnung zu unterstellen. Hier ist einzig die lex fori concursus zweckmäßig, da sie die nächste Verbindung zum Großteil der Forderung besitzt.[358] Der Gläubigergleichbehandlung wäre jedoch auch eine andere Rechts-

---

[354] v. *Wilmowsky* (oben Fn. 42), S. 328.
[355] v. *Wilmowsky* (oben Fn. 42), S. 329.
[356] RegE InsO BR-Drucks. 1/92, S. 81.
[357] RegE InsO BR-Drucks. 1/92, S. 78 f.
[358] v. *Wilmowsky* (oben Fn. 42), WM 1997, 1461, 1472.

ordnung nicht abträglich, solange es sich um eine einzelne Rechtsordnung handelt und diese definiert ist.

Durch Geltung des Belegenheits- oder des Schutzstatuts im Insolvenzverteilungsrecht sollen Eingriffe in Sicherungsrechte verhindert werden. Hier ist zunächst festzuhalten, dass diese Eingriffe durch kollisionsrechtliche Regelungen nur dann zu verhindern sind, wenn nicht das Belegenheitsstatut bzw. das Schutzstatut selbst zu Einschränkungen von Sicherungsrechten führt. So kann es nicht Aufgabe des Kollisionsrecht sein, in rein französischen Sachverhalten zu verhindern, dass Superprivilegien des französischen Rechts zur Einschränkung von Sicherungsrechten bezüglich der Insolvenzverteilung führen.

Unter Geltung des Belegenheitsstatuts kann es bezüglich in Deutschland belegener Sicherungsrechte nicht zu Einschränkungen von Sicherungsrechten in der Insolvenzverwertung kommen, da das deutsche Recht solche Einschränkungen nicht kennt.

Anders ist dies unter Geltung des Schutzstatuts. In diesem Fall können in Deutschland belegene Sicherungsrechte beispielsweise dann eingeschränkt werden, wenn gesicherte Forderungen gegenüber dem Gemeinschuldner bestehen, gegen den auch Forderungen von französischen Arbeitnehmern ausstehen, da diese Forderungen gemäß Art. L 143-10 Abs. 1 Code du travail als Superprivileg den gesicherten Forderungen vorgehen.[359]

e) Eigener Ansatz

Das Ziel des deutschen Gesetzgebers war es, Zwangseingriffe in die private Güterordnung mit der Folge von Vermögensverlagerungen zu verhindern.[360] Dieses Ziel kann unter alleiniger Geltung des Schutzstatuts nicht vollständig erreicht werden.

Zwei denkbare Schlussfolgerungen sind zu ziehen. Zum einen könnte das Belegenheitsstatut zur Anwendung gelangen. Dies hätte jedoch auch zur Folge, dass in Deutschland tätige Arbeitnehmer mit ihren Forderungen in in Frankreich belegene Sicherungsrechte eingreifen könnten, während dies in in Deutschland belegene Sicherungsrechte nicht möglich ist. Obwohl es für in Deutschland tätige Arbeitnehmer kein Schutzstatut gibt, würde das Recht der Belegenheit eine

---

[359]Darauf weist jüngst auch *Köndgen* hin. *Köndgen* (oben Fn. 43), in: Jahrbuch für Neue Politische Ökonomie, 18. Band, 1999, S. 52-80, S. 76.
[360]RegE InsO BR-Drucks. 1/92, S. 78.

Besserstellung ihrer Forderungen zuungunsten der Sicherungsgläubiger ermöglichen.

Um auch dies zu vermeiden, sollte im Insolvenzverteilungsrecht grundsätzlich zwar das Schutzstatut zur Anwendung kommen, dessen Eingriffe in Sicherungsrechte jedoch auf solche begrenzt werden, die auch durch das Belegenheitsstatut ermöglicht werden.

In der Praxis würde dies folgende Überlegungen voraussetzen: Die angemeldeten und festgestellten Forderungen müssten in einer ersten Tabelle in eine Befriedigungsreihenfolge gebracht werden, die sich zunächst nach dem Rang der Forderungen außerhalb der Insolvenz richten würde.

In einem zweiten Schritt würde in einer zweiten Tabelle eine Befriedigungsreihenfolge erstellt, bei der die Forderungen, die aufgrund von Schutzstatuten bessergestellt sind, gegenüber der Reihenfolge der ersten Tabelle entsprechend vorrücken. Forderungen, die Schutzstatuten verschiedener Staaten unterliegen, die jeweils eine Bevorrechtigung vor Sicherungsgläubigern beschreiben, müssen dabei untereinander gleichrangig sein.[361]

Würde die Verteilung nach diesen beiden Tabellen zum gleichen Ergebnis kommen, so wäre der dritte Schritt nicht erforderlich. Dies wäre jedoch dann nicht der Fall, wenn die gesicherten Gläubiger in der zweiten Tabelle mit einem geringeren Anteil befriedigt werden können als in der ersten Tabelle, weil eine Forderung, die einem Schutzstatut unterliegt, nach der zweiten Tabelle vor den gesicherten Forderungen voll befriedigt werden müsste.

In diesen Fällen ist ein dritter Schritt erforderlich. Gesicherte Forderungen, die nach der zweiten Tabelle nicht voll befriedigt werden können und deren Sicherungsrecht in einem Staat belegen ist, dessen Belegenheitsstatut Eingriffe in Sicherungsrechte durch ein Schutzstatut nicht zulässt, müssen in einer dritten Tabelle vor den Forderungen, die einem Schutzstatut unterliegen, festgestellt werden, um sicherzustellen, dass die Befriedigung aus diesen Sicherungsrechten der Quote entspricht, die sich auch aus der ersten Tabelle ergibt.

Eine entsprechende Anknüpfung ist auch bei Sicherungsrechten an Forderungen vorzunehmen. Im Fall der Insolvenz eines französischen Unternehmens, das eine

[361] Die Bedenken von *Eidenmüller*, die Anknüpfung an das Schutzstatut würde bei Vorliegen verschiedener Schutzstatute versagen, lassen sich so m.E. leicht zurückweisen. Vgl. *Eidenmüller*, Kommentar, in: Jahrbuch für Neue Politische Ökonomie, 18. Band, 1999, S. 81-94, S. 90.

Forderung an einen Dritten zur Sicherung abgetreten hat, wobei die Abtretung deutschem Recht unterliegt, führt dies dazu, dass das Sicherungsrecht des deutschen Rechts nicht durch Vorrechte in Frankreich beschäftigter Arbeitnehmer beeinträchtigt wird.

2. Partikularverfahren

An dieser Stelle soll geprüft werden, welche Auswirkung die Eröffnung von Partikularverfahren, welche lediglich Vermögensgegenstände erfassen, die innerhalb des jeweiligen Staatsgebietes belegen sind, auf das Insolvenzverteilungsrecht besitzt.

In Partikularverfahren fallen das Recht des Staates der Verfahrenseröffnung und das Recht der Belegenheit von Sicherungsrechten zusammen. Damit entfallen die Probleme, die bei universal geltenden Verfahren mit Anwendung der lex fori concursus entstehen. Ebenso wie in universal geltenden Verfahren kommen das Recht der Belegenheit und das Recht des Schutzstatuts für die Bestimmung von Eingriffen in Sicherungsrechte in Frage. Die jeweilige Problematik ist entsprechend.[362]

In Partikularverfahren stellt sich jedoch eine zweite Frage. Neben einer Beschränkung der Aktivmasse könnte eine Beschränkung der Passivmasse treten.[363] Die Legitimation hierfür soll in der Schutzfunktion für lokale Gläubiger liegen.[364] Diese Überlegung ist in mehrfacher Hinsicht abzulehnen.[365] Zunächst muss auf die praktische Schwierigkeit der Abgrenzung der Passivmasse verwiesen werden. Es sei "gemischt persönlich-gegenständlich" abzugrenzen, so dass auf "die Belegenheit oder den sonstigen Inlandsbezug der Forderung" abgestellt werden soll.[366] Dies ist kaum handhabbar.[367] Vor allem ist ferner nicht ersichtlich, woraus sich relativ höhere Quoten im Partikularkonkurs als

[362]So auch *v. Wilmowsky* (oben Fn. 42), S. 324. Kritische Stellungnahmen gegen die Eröffnung von Partikularverfahren sind in der Regel mit Argumenten des Verwertungsrechts begründet. Eine getrennte Betrachtung des Verteilungsrechts erfolgt nicht; vgl. *Schollmeyer*, Partikularverfahren am Ort der Belegenheit von Massebestandteilen?, IPRax 1995, 150, 152.

[363]So *Thieme*, Partikularkonkurs, Stellungnahme zu den Artt. 1 II, 2,9, 10, 11 I, 15 I, 16 I, 20, 21 Satz 2, 26-34 des Vorentwurfs zur Neuordnung des Internationalen Insolvenzrechts von 1989, in: Stellungnahmen und Gutachten zur Reform des Deutschen Internationalen Insolvenzrechts, 1992, S. 212-264, S. 250 f.

[364]*Thieme* (oben Fn. 363), in: Stellungnahmen und Gutachten zur Reform des Deutschen Internationalen Insolvenzrechts, 1992, S. 212-264, S. 250.

[365]So auch *Habscheid* (oben Fn. 124), NZI 1999, 299, 301.

[366]*Thieme* (oben Fn. 363), in: Stellungnahmen und Gutachten zur Reform des Deutschen Internationalen Insolvenzrechts, 1992, S. 212-264, S. 251.

[367]So auch *v. Wilmowsky* (oben Fn. 42), S. 324, Fn. 294.

Folge einer minimierten Passivmasse[368] herleiten lassen. Die angeführte Schutzfunktion erscheint auch hier benutzt zu werden, um die Folge der Anknüpfung des Insolvenzverwertungs- und -verteilungsrechts unterschiedslos an die lex fori concursus im Verteilungsrecht zu minimieren. Dieser Konstruktion bedarf es nicht, knüpft man Verwertung und Verteilung getrennt an.

Die Eröffnung von Partikularverfahren hat unter der Bedingung, dass keine Beschränkung der Passivmasse erfolgt, keinen Einfluss auf das Insolvenzverteilungsrecht.

368So *Thieme* (oben Fn. 363), in: Stellungnahmen und Gutachten zur Reform des Deutschen Internationalen Insolvenzrechts, 1992, S. 212-264, S. 251.

§ 21 Sekundärinsolvenzverfahren

I. Verwertung

Nachdem festgestellt wurde, dass eine Verwertungsmöglichkeit, nämlich die umfassende Sanierung der gesamten Unternehmenseinheit, nur bei einer universalen Geltung der lex fori concursus möglich ist und deshalb auch Partikularverfahren abgelehnt wurden, bleibt die Frage, ob für Sekundärverfahren, die neben einem universal geltenden Hauptverfahren eröffnet werden und die jeweils nur das in dem jeweiligen Staat belegene Vermögen erfassen, noch Raum bleibt. Anschließend stellt sich die Frage, wie dieses Verfahren ggf. ausgestaltet und mit dem Hauptverfahren abgestimmt werden müsste.

1. Grenzen und Möglichkeiten von Sekundärverfahren

a) Sekundärverfahren als Partikularverfahren

Zunächst muss festgehalten werden, dass auch Sekundärverfahren nur Vermögensteile des Schuldners umfassen. Insofern stellt auch das Sekundärverfahren ein Partikularverfahren dar. Sekundärverfahren schließen damit ebenso wie isolierte Partikularverfahren die Möglichkeit, das Schuldnervermögen als Einheit fortzuführen, aus.[369]

b) Verbleibender Raum für Sekundärverfahren

Jenseits der Verwertungsoption "Sanierung des Unternehmens als Ganzes" bleibt jedoch noch Raum für Sekundärverfahren.[370] Die Entscheidung über die Art und Weise der Verwertung muss in der Verantwortung der Gläubiger liegen. Diese Gläubigerautonomie folgt aus einem marktadäquaten Verfahren, das sich gegenüber verschiedenen Verwertungsoptionen neutral verhält.

Haben sich die Gläubiger eines universal wirkenden (Haupt-)verfahrens für die Liquidation der gesamten Unternehmung des Schuldners, für eine Liquidation oder Veräußerung von Auslandsniederlassungen oder eine Sanierung der Auslandsniederlassung bei Liquidation des inländischen Unternehmensteils

---

[369] *v. Wilmowsky* (oben Fn. 42), S. 303.

[370] A.A. *v. Wilmowsky* (oben Fn. 42), S. 315 f. Er differenziert nicht zwischen Partikular- und Sekundärverfahren und lehnt beides ab. *Lüer* lehnt Sekundärinsolvenzverfahren im bisherigen Sinn ab, spricht jedoch von der Notwendigkeit eines "inländischen Neben-Insolvenz-verfahrens". Vgl. *Lüer* (oben Fn. 158), in: Insolvenzrecht in Wissenschaft und Praxis, Festschrift für Wilhelm Uhlenbruck zum 70. Geburtstag, 2000, S. 843-868, S. 857 ff.

entschieden, so entfallen die vorgetragenen Bedenken gegenüber der Eröffnung von Sekundärverfahren bezüglich des Insolvenzverwertungsrechts.

Der Zweck von Sekundärverfahren läge darin, nach dem Insolvenzverwertungsrecht des Staates, unter dessen Rechtsordnung auch das Vermögen und die Sicherungsrechte belegen sind, die von diesem Verfahren erfasst werden, Verwertungsentscheidungen zu treffen, die nicht den Zielen des Hauptverfahrens zuwiderlaufen.

Der Eröffnung eines solchen, eingeschränkten Sekundärverfahrens könnte entgegnet werden, dass diese Verwertungsentscheidungen auch im Hauptverfahren getroffen werden könnten. Dem muss jedoch entgegnet werden, dass es nicht Aufgabe des Insolvenzrechts ist, Beschränkungen der Verwertungsentscheidung der Gesamtheit der Gläubiger des Hauptverfahrens vorzunehmen, wenn dadurch nicht die Maximierung der Haftungsverwirklichung verhindert wird. Die Eröffnung von Sekundärverfahren muss insofern als eine Verwertungsoption im Hauptverfahren betrachtet werden.[371]

Ein grundsätzliches Verbot von Sekundärverfahren, wie sie etwa auch das französische Recht kennt, wenn zuvor eine Exequatur erteilt worden ist, ist daher abzulehnen.

2. Ausgestaltung des Sekundärverfahrens und Abstimmung mit dem Hauptverfahren

a) Dominanz des Hauptverfahrens

Möchte man Sekundärverfahren zulassen, so muss gewährleistet werden, dass das Zusammenwirken von Haupt- und Sekundärverfahren möglich ist.[372] Dies setzt voraus, dass Sekundärverfahren nur dann eröffnet werden dürfen, wenn

---

[371] Vgl. auch *Lüer* (oben Fn. 158), in: Insolvenzrecht in Wissenschaft und Praxis: Festschrift für Wilhelm Uhlenbruck zum 70. Geburtstag, 2000, S. 843-868, S. 866.

[372] Ähnlich *Lüer* (oben Fn. 158), in: Insolvenzrecht in Wissenschaft und Praxis: Festschrift für Wilhelm Uhlenbruck zum 70. Geburtstag, 2000, S. 843-868, S. 863. Zum grundsätzlichen Verhältnis der Wirkungserstreckung von Haupt- und Sekundärinsolvenzverfahren vgl. *Homann*, System der Anerkennung eines ausländischen Insolvenzverfahrens, KTS 2000, 343, 367 ff. Er differenziert zwischen der weltweiten Wirkungserstreckung des Sekundärverfahrens bei gegenständlicher Beschränkung auf das im Verfahrensstaat belegene Vermögen. Die Eröffnung eines Sekundärverfahrens führt umgekehrt somit nicht zur Beschränkung der weltweiten Wirksamkeit des Hauptinsolvenzverfahrens, sondern nur zur gegenständlichen Beschränkung des Hauptverfahrens auf das Vermögen, das außerhalb des Staates der Eröffnung des Sekundärverfahrens belegen ist.

nicht eine Sanierung der gesamten Unternehmenseinheit im Hauptverfahren angestrebt wird. Die Wirkung von Entscheidungen des Sekundärverfahrens bezüglich der Verwertung von Vermögensgegenständen dürfen erst dann zur Geltung kommen, wenn eine Verwertungsentscheidung im Hauptverfahren erfolgt ist. Dies bedeutet, dass die Kompetenz des Sekundärverfahrens bezüglich der Verwertungsentscheidungen durch das Hauptverfahren eingeschränkt werden muss. Darüberhinaus muss auch nachträglich die Möglichkeit bestehen, dass aus Gründen der Verwertungsentscheidungen im Hauptverfahren Einfluss auf die Verwertung im Sekundärverfahren genommen wird.[373]

Es muss gewährleistet sein, dass Verwertungsentscheidungen des Sekundärverfahrens nicht den Zielen des Hauptverfahrens zuwiderlaufen. Dies kann in einem nach Gläubigerinteressen geprägten Verfahren dann geschehen, wenn die Gläubigergruppen des Haupt- und Sekundärverfahrens verschieden sind. Im Sinne einer effektiven Insolvenzverwertung bedarf es daher der Zulässigkeit der Anmeldung aller am Hauptverfahren beteiligten Gläubiger auch im Sekundärverfahren.[374]

Um gegensätzliche Verwertungsentscheidungen auszuschließen, muss schließlich durch das Hauptinsolvenzverfahren die Möglichkeit gegeben sein, das Sekundärverfahren zu beenden.[375]

Das Antragsrecht zur Eröffnung eines Sekundärverfahrens ist anders zu bewerten, als unter der Konstruktion der EuInsVO.[376] Art. 29 gewährt den Gläubigern sowie dem Verwalter des Hauptverfahrens einen Antrag auf Eröffnung von Sekundärverfahren. Insbesondere das Gläubigerrecht zur Antragstellung war notwendig, um Vermögensgegenstände einbeziehen zu können und damit der Durchsetzung der Forderung des Gläubigers näher zu kommen. Dies ist anders, wenn bereits durch das Hauptverfahren alle Vermögensgegenstände des Schuldners erfasst werden. Einzelne Gläubiger dürfen nicht in die Lage versetzt werden, durch Eröffnung eines Sekundärverfahrens eine Rechtswahl herbeizuführen, die ihren Zielen gerechter wird, jedoch der Gläubigergesamtheit im Hauptverfahren schadet. Es muss jedoch nicht das Antragsrecht der einzelnen Gläubiger beschränkt werden. Probleme können dadurch verhindert werden, dass die Eröffnung von

[373]Die EuInsVO besitzt mit Art. 33 eine ähnliche Regelung. Zur Problematik von Art. 33 Abs. 2 vgl. oben unter § 5 II 1 a) dd).

[374]Vgl. dazu Art. 32 EuInsVO.

[375]Art. 34 EuInsVO geht weniger weit. Ähnlich auch *Trunk* (oben Fn. 1), S. 435 und 438.

[376]Vgl. dazu oben unter § 5 II 1 a) bb).

Sekundärverfahren der Zustimmung der Gläubigerversammlung des Hauptverfahrens bedarf.

Ein ähnliches Ziel verfolgt Art. 33 Abs. 1 EuInsVO. Danach kann auf Antrag des Verwalters im Hauptinsolvenzverfahren die Verwertung im Sekundärverfahren ausgesetzt werden. Diese Norm ist jedoch aus zwei Gründen problematisch. Zum einen kann gemäß Art. 33 Abs. 2 EuInsVO die Aufhebung der Aussetzung der Verwertung dann erfolgen, wenn dies nicht im Interesse der Gläubiger des Sekundärverfahrens ist.[377] Zum anderen führt eine Aussetzung nur der Verwertung bei eröffnetem Sekundärverfahren nicht dazu, dass Verwertungsentscheidungen des Hauptverfahrens noch ungehindert umgesetzt werden können, da das Hauptverfahren Vermögensgegenstände, die in dem Staat belegen sind, in dem ein Sekundärverfahren eröffnet wurde, nicht mehr erfasst. Die Verwertungsentscheidung des Hauptverfahrens sollte vor der Eröffnung von Sekundärverfahren erfolgen. Eine Mitsprache der Gläubigerversammlung des Hauptverfahrens über die Eröffnung eines Sekundärverfahrens ist daher zweckmäßig.[378] Diese Dominanz des Hauptverfahrens sollte auch darin zum Ausdruck kommen, dass die Gläubigerversammlung des Hauptverfahrens das Recht besitzt, eine Beendigung von Sekundärverfahren herbeizuführen.[379]

Andererseits dürfen im Interesse der Gewährung von Neutralität Sanierungsentscheidungen des Sekundärverfahrens nicht durch einzelne Gläubiger des Hauptverfahrens unsachgerecht verhindert werden. Dies ist unter Geltung von Art. 34 Abs. 2 EuInsVO dann der Fall, wenn Gläubiger des Hauptverfahrens nicht im Sekundärverfahren teilnehmen, da diese Norm kein Obstruktionsverbot kennt.[380] Die Gläubigerrechte sollten in diesen Fällen danach bemessen werden, als würde durch das Hauptverfahren in ihre Rechte eingegriffen. Kennt die lex fori concursus des Hauptverfahrens ein Obstruktionsverbot, so sollte dies auch hier anzuwenden sein.

b) Abstimmung zwischen Haupt- und Sekundärverfahren

Es bedarf auch Regelungen über die Zusammenarbeit der Insolvenzverwalter. Auch in einem marktadäquaten Verfahren wird nicht allein durch identische Gläubigergruppen ein "Gleichlauf" der Verfahren möglich sein. Insbesondere

---

377 Diese Norm wurde bereits oben unter § 5 II 1 a) dd) kritisch analysiert.

378 Reformnotwendigkeit sieht auch *Bogdan* (oben Fn. 130), IIR 1997, 114, 125 f. Er spricht sich jedoch nur dafür aus, das Recht Sekundärverfahren zu beantragen, davon abhängig zu machen, dass das Hauptverfahren bereits 60 Tage eröffnet ist.

379 Ein gegenteiliges Modell verfolgt § 303 BC der USA. Diese Parallelverfahren erfassen gemäß § 541 (a) BC das weltweite Vermögen. Vgl. oben unter § 7 I 2 b).

380 Vgl. oben unter § 5 II 1 a) ee).

dem Verwalter des Hauptverfahrens sind Einflussmöglichkeiten auf das Sekundärverfahren zuzubilligen.[381]

Viele Bestimmungen der EuInsVO über die Abstimmung von Haupt- und Sekundärverfahren sind zweckmäßig und dienen dem Ziel der Neutralität des Verfahrens. Dazu gehören die gegenseitige Unterrichtung gemäß Art. 31 Abs. 1 EuInsVO, die gegenseitige Zusammenarbeit gemäß Art. 31 Abs. 2 EuInsVO, das Teilnahmerecht der Verwalter an Gläubigerversammlungen des jeweils anderen Verfahrens gemäß Art. 32 Abs. 3 EuInsVO, und das Recht des Verwalters, im Hauptverfahren einen Insolvenzplan für das Sekundärverfahren vorzulegen gemäß Art. 34 Abs. 1 EuInsVO.[382]

Kritisch zu bewerten ist jedoch die Differenzierung der Zulässigkeit der Eröffnung von Sekundärverfahren nach der Existenz von Niederlassungen[383] in diesem Staat. Dies schränkt die Verwertungsmöglichkeiten und damit Neutralität ein. Auch ist diese Differenzierung nicht unbedingt zweckmäßig.[384] Die Belegenheit von Vermögen sollte grundsätzlich ausreichend sein.

II. Verteilung

Anders als das Verwertungsrecht entspricht das Verteilungsrecht nicht dem Charakter eines Über-/Unterordnungsverhältnisses. Es geht vor allem nicht darum, dass Entscheidungen des einen Verfahrens nicht im Widerspruch zu denen des anderen stehen dürfen. Im Gegenteil soll statt Geltung der lex fori concursus durch Anwendung des Belegenheitsstatuts oder des Schutzstatuts die Wertentscheidung des nationalen Gesetzgebers berücksichtigt werden. Solange keine Beschränkung der Passivmasse erfolgt[385], kann daher auf Ausgleichs- oder Anrechnungsmodelle zwischen den Verfahren verzichtet werden[386].

---

[381] Vgl. dazu Art. 31, 32 Abs. 3, 33 und 34 EuInsVO.

[382] Vgl. die Besprechung dieser Normen oben unter § 5.

[383] So jedoch Art. 3 Abs. 2 EuInsVO und Art. 166 Abs. 2 IPRG der Schweiz.

[384] Vgl. die Bewertung der EuInsVO oben unter § 5 II 1 a) aa).

[385] Dies ist jedoch beispielsweise im englischen Recht der Fall, vgl. Re English, Scottish, and Australian Chartered Bank (1893) 3 Ch. 385 (C.A.), S. 394; Re Suidair International Airways, Ltd. (1951) 1 Ch. 165, S. 173; vgl. auch oben unter § 8.

[386] Ansonsten vgl. *Thieme* (oben Fn. 363), in: Stellungnahmen und Gutachten zur Reform des Deutschen Internationalen Insolvenzrechts, 1992, S. 212-264, S. 251 ff. Zum common law vgl. Re Standard Insurance Company Ltd. (1968) Qd.R. 118 (Supreme Court of Queensland); Re Northland Services Pty Ltd. (1978) 18 A.L.R. 684 (Supreme Court of the Northern Territory).

§ 22 Wirkungserstreckung des Insolvenzverwertungsrechts im Ausland am Beispiel der Einzelzwangsvollstreckung

I. Zielsetzung einer Beschränkung der Einzelzwangsvollstreckung

1. Grundsatz

Das Insolvenzrecht stellt ein Gesamtvollstreckungsverfahren bereit, dass die Gläubigerbefriedigung maximieren soll, wenn nicht mehr genügend Vermögen zur Befriedigung aller Gläubiger vorhanden ist. Das Insolvenzverfahren tritt damit in ein Spannungsfeld zu Einzelverwertungsmaßnahmen, die eine unmittelbare Befriedigung des einzelnen Gläubigers ermöglichen, jedoch im Insolvenzfall dazu führen können, dass die Befriedigung des einzelnen Gläubigers zum Nachteil der Gläubigergesamtheit erfolgt.[387]

Die Einzelzwangsvollstreckung muss somit dort eingeschränkt werden, wo sie nutzbare Vermögensgesamtheiten spaltet, was in der Regel zu Wertminderungen führt. Dies ist dann der Fall, wenn eine Unternehmenseinheit durch Einzelzwangsvollstreckungsmaßnahmen an der Fortführung gehindert wird und die Fortführung gegenüber der Liquidation für die Gläubigergesamtheit eine größere Befriedigungsquote ermöglicht.[388]

Daraus folgt im Umkehrschluss, dass bei Unternehmensliquidationen eine Beschränkung der Verwertung durch Einzelzwangsvollstreckungsmaßnahmen nicht notwendig ist, wenn ohnehin eine Veräußerung der einzelnen Vermögensgegenstände erfolgen soll. Das gleiche gilt für Unternehmensteile, die nicht von einer Sanierung des restlichen Unternehmens betroffen sind, sondern liquidiert werden sollen.

Dies bedeutet, dass eine zunächst geltende Einschränkung bzw. ein Verbot der Einzelzwangsvollstreckung dann enden könnte, sobald im Insolvenzverfahren eine Entscheidung dahingehend getroffen wurde, dass das Unternehmen nicht fortgeführt, sondern liquidiert werden soll.

Diese Zulässigkeit von Einzelzwangsvollstreckungsmaßnahmen muss jedoch getrennt von der Befriedigung aus dem Verwertungserlös betrachtet werden. Dies folgt aus der hier vertretenen Trennung von Verwertungs- und Verteilungsfragen in der Insolvenz. So muss auch bei Zulässigkeit von Einzelzwangsvollstreckungs-

---

[387] Heidelberger Kommentar-*Kirchhof* (oben Fn. 10), § 1 Rn. 5; Nerlich/Römermann-*Becker* (oben Fn. 10), § 1 Rn. 22, 23.
[388] *Eidenmüller* (oben Fn. 34), S. 17 ff.

maßnahmen gewährleistet sein, dass dadurch nicht eine Ungleichbehandlung ansonsten gleichrangiger Gläubiger erfolgt. Dies muss jedoch nicht das Verbot von Einzelzwangsvollstreckungsmaßnahmen zur Folge haben, sondern nur einen Herausgabeanspruch der Masse gegen den vollstreckenden Gläubiger hinsichtlich des Erlöses bzw. eine Anrechnung des Erlöses auf die Befriedigungsquote des Gläubigers im Insolvenzverfahren.

2. Besonderheiten in grenzüberschreitenden Insolvenzverfahren

Grundsätzlich sollte das beschriebene Verhältnis von Insolvenz- und Einzelzwangsvollstreckungsrecht gleichermaßen für rein inländische Insolvenzverfahren als auch für Verfahren mit Auslandsbezug gelten. Dies stellt dann keine Schwierigkeit dar, wenn nur ein universal geltendes Insolvenzverfahren eröffnet ist, das Recht dieses Staates der beschriebenen Geltungsweise folgt und das Internationale Insolvenzrecht nach der hier vertretenen Auffassung alle Verwertungsfragen der lex fori concursus zuweist. Alternativ könnten Sachregelungen im Internationalen Insolvenzrecht getroffen werden.

Schwierigkeiten können bei der Eröffnung von Sekundärverfahren entstehen. Einzelzwangsvollstreckungsmaßnahmen haben ebenso wie Sekundärverfahren die Folge, dass im Gegensatz zu einem einzigen universalen Insolvenzverfahren eine Verwertung durch Sanierung der gesamten Unternehmenseinheit nicht möglich ist. Dies war auch der Grund, warum die Eröffnung von Sekundärverfahren der Zustimmung des Hauptverfahrens bedürfen muss.

Ist ein Sekundärverfahren eröffnet, so richtet sich das Verwertungsrecht nach hier vertretener Auffassung nach der lex fori concursus des Staates, in dem die Eröffnung des Sekundärverfahrens erfolgt ist. Besitzt dieses Statut kein Prinzip, wonach Einzelzwangsvollstreckungsmaßnahmen bei einer Sanierung verboten werden können, so kann dadurch ggf. die getrennte Sanierung einer ausländischen Unternehmenseinheit verhindert werden.

Im folgenden soll der Umfang der Beschränkung der Einzelzwangsvollstreckung am Beispiel des deutschen Rechts dargestellt werden, dessen Zweckmäßigkeit geprüft und Ableitungen für das Internationale Insolvenzrecht vorgenommen werden.

II. Beschränkung der Einzelzwangsvollstreckung im deutschen Recht

Das deutsche Recht kennt kein generelles Verbot der Einzelzwangsvollstreckung im Insolvenzverfahren, sondern ein sehr differenziertes Verhältnis der beiden

Verfahren. Ob die Regelungen der Zielsetzung des Insolvenzrechts entsprechen, soll im folgenden geprüft werden.

1. Differenzierung zwischen Gläubigergruppen

a) Rechtslage

Einzelzwangsvollstreckungsmaßnahmen werden im Insolvenzverfahren unter Geltung der Insolvenzordnung verschieden stark eingeschränkt, je nachdem welche Gläubigergruppe ihre Forderung im Einzelzwangsvollstreckungsverfahren durchsetzen möchte.

aa) Absonderungsberechtigte Gläubiger

aaa) Rechte an unbeweglichen Sachen

§ 165 InsO gibt dem Insolvenzverwalter das Recht, die Zwangsversteigerung oder die Zwangsverwaltung eines unbeweglichen Gegenstands zu betreiben, auch wenn an dem Gegenstand ein Absonderungsrecht besteht. Das Recht des Absonderungsberechtigten zur Verwertung wird dadurch nicht berührt. Die Insolvenzordnung kennt anders als bei beweglichen Sachen und Forderungen mit § 173 InsO keine Vorschrift, die das Verwertungsrecht des Gläubigers beschränkt.[389]

Solche Regelungen finden sich im Gesetz über die Zwangsversteigerung und die Zwangsverwaltung in § 30d ZVG für die Zwangsversteigerung und § 153b ZVG für die Zwangsverwaltung. Insofern sind diese Normen als insolvenzrechtliche Beschränkungen der Einzelzwangsvollstreckung bzw. der Einzelzwangsverwaltung zu qualifizieren, auch wenn sich diese im ZVG befinden.[390]

Auch die §§ 30d, 153b ZVG sprechen kein generelles Verbot aus, sondern beschreiben Bedingungen, wann auf Antrag des Insolvenzverwalters das Vollstreckungsgericht die Zwangsversteigerung bzw. -verwaltung einzustellen hat.[391]

Die Bedingungen, die insbesondere § 30d Abs. 1, Satz 1 ZVG formuliert, entsprechen der oben aufgezeigten Zielsetzung, Einzelzwangsvollstreckungsmaßnahmen dort einzuschränken, wo ansonsten Sanierungsmaßnahmen gefährdet oder verhindert werden.

---

[389] Heidelberger Kommentar-*Landfermann* (oben Fn. 10), § 165 Rn. 3.

[390] Vgl. nur Heidelberger Kommentar-*Landfermann* (oben Fn. 10), § 165 Rn. 2.

[391] *Zeller/Stöber*, ZVG, 16. A., 1999, § 30d Rn. 2, § 153b Rn. 2.

Dagegen stellt die Härteklausel in § 30d Abs. 1, Satz 2 ZVG eine Gläubigerbegünstigung dar, die den Zielen des Insolvenzrechts, eine Maximierung des Verwertungserlöses für die Summe aller Gläubiger zu erreichen, zuwiderläuft. § 30d Abs. 1, Satz 2 ZVG setzt eine Abwägung der Interessen des vollstreckenden Gläubigers gegenüber denen der übrigen Insolvenzgläubiger voraus.[392] Da Gläubigerrechte durch die Ausgleichsansprüche gemäß § 30e ZVG[393] ausreichend berücksichtigt werden, kann bei Sanierungsentscheidungen, die § 30d Abs. 1, Satz 1 ZVG ohnehin unterstellt, die Abwägung nur zugunsten der Gläubigergesamtheit ergehen, was § 30d Abs. 1, Satz 2 ZVG überflüssig macht.[394]

Im Verfahren über die Aufhebung der Einstellung der Zwangsversteigerung gemäß § 30f ZVG sind alle Einstellungsgründe des § 30d Abs. 1 ZVG zu prüfen und nicht nur der Grund, aus dem das Verfahren eingestellt wurde.[395]

Auch § 153b ZVG enthält eine Bedingung zur Einstellung der Zwangsverwaltung, die an der Sanierung orientiert ist. Auch hier werden Gläubigerrechte durch § 153b Abs. 2 ZVG ausreichend berücksichtigt. Eine Härteklausel entsprechend § 30d Abs. 1, Satz 2 ZVG besteht für die Zwangsverwaltung nicht.

bbb) Rechte an beweglichen Sachen

Gemäß §§ 166 Abs. 1, 173 InsO wird das Einzelverwertungsrecht des absonderungsberechtigten Gläubigers verboten, wenn der Insolvenzverwalter die bewegliche Sache in seinem Besitz hat.[396]

Hat der Insolvenzverwalter die Sache in Besitz, so werden die Gläubigerrechte durch §§ 169, 172 InsO ausreichend gewahrt. Anders als bei unbeweglichen

---

392 *Zeller/Stöber* (oben Fn. 391), § 30d Rn. 3.

393 Vgl. dazu *Lwowski/Tetzlaff*, Verwertung unbeweglicher Gegenstände im Insolvenzverfahren, WM 1999, 2336, 2341.

394 Einen Vorrang der Interessen der Insolvenzgläubiger sehen auch *Stöber*, Insolvenzverfahren und Vollstreckungs-Zwangsversteigerung, NZI 1998, 105, 108; *Hintzen*, Vollstreckung und Insolvenz, in: Kölner Schrift zur Insolvenzordnung, 2. A., 2000, S. 1107-1135, S. 1126; OLG Braunschweig, NJW 1968, 164. Jedoch wird im Einzelfall auch ein Vorrang des vollstreckenden Gläubigers vertreten: AG Bremen ZIP 1980, 389; *Wenzel*, Die Rechtsstellung des Grundpfandgläubigers im Insolvenzverfahren, NZI 1999, 101, 102.

395 *Stöber*, Aufhebung der angeordneten Einstellung der Zwangsversteigerung, NZI 1999, 439, 440 f.; *Hintzen* (oben Fn. 394), in: Kölner Schrift zur Insolvenzordnung, 2. A., 2000, S. 1107-1135, S. 1130; a.A. *Wenzel* (oben Fn. 394), NZI 1999, 101, 102.

396 Frankfurter Kommentar-*Wegener* (oben Fn. 10), § 173 Rn. 1; *Smid* (oben Fn. 14), § 173 Rn. 2; Kübler/Prütting-*Kemper* (oben Fn. 14), § 173 Rn. 2; Heidelberger Kommentar-*Landfermann* (oben Fn. 10), § 173 Rn. 1; *Hess* (oben Fn. 10), § 173 Rn. 5.

Sachen erfolgt hier jedoch keine Differenzierung des Eingriffs in die Gläubigerverwaltung danach, ob eine Sanierung oder eine Liquidation angestrebt werden soll. Die Einschränkung des Einzelverwertungsrechts greift somit über die insolvenzrechtlich notwendige Einschränkung hinaus.

Hat der Insolvenzverwalter die Sache nicht in Besitz, so bleibt das Einzelverwertungsrecht unberührt. Diese Regelung ist dann sanierungsfeindlich, wenn eine Sache für die Fortführung des Unternehmens benötigt wird.[397] Dem Verwalter bleibt nur die Möglichkeit, den Gläubiger nach § 173 Abs. 1, Satz 1 InsO zur Verwertung zu zwingen und die Sache für die Masse zu erwerben.

ccc) Rechte an Forderungen

§§ 166 Abs. 2, 173 InsO verbietet das Einzelverwertungsrecht des absonderungsberechtigten Gläubigers an abgetretenen Forderungen. Auch hier werden die Gläubigerrechte durch § 169 InsO ausreichend gewahrt. Ebenso wie bei beweglichen Sachen, die der Insolvenzverwalter in Besitz hat, erfolgt jedoch auch hier keine Differenzierung, ob eine Sanierung oder eine Liquidation angestrebt wird. Darüber hinaus stellt sich bei Forderungen die Frage, welchen Sanierungsbeitrag nicht eingezogene Forderungen leisten können, so dass man aus Gründen des Insolvenzrechts bei Forderungen ohnehin keine Beschränkung des Einzelverwertungsrechts benötigt. Herausgabeansprüche der Masse bei dem das Absonderungsrecht übersteigenden Erlös würden genügen.

ddd) Entstehungszeitpunkt von Absonderungsrechten im Zwangsvollstreckungsrecht

Bereits begonnene Einzelzwangsvollstreckungsmaßnahmen, die bei Eröffnung des Insolvenzverfahrens noch nicht abgeschlossen sind, können dem Vollstreckungsgläubiger bereits ein Recht zur abgesonderten Befriedigung verschafft haben, so dass sich die Beschränkung der Einzelzwangsvollstreckung im Insolvenzverfahren nicht nach den Vorschriften über Insolvenzgläubiger, sondern nach denen für absonderungsberechtigte Gläubiger richten.

Bei beweglichem Vermögen richtet sich dies danach, ob ein Pfändungspfandrecht vor Insolvenzeröffnung bzw. der Frist gemäß § 88 InsO erlangt

[397] Dass solche Gegenstände zur Fortführung eines Unternehmens nicht erforderlich sind, kann zumindest pauschal nicht unterstellt werden. A.A. Kübler/Prütting-*Kemper* (oben Fn. 10), § 173 Rn. 2.

wurde. Wann das Pfändungspfandrecht entsteht, bestimmt sich nach den Regelungen des Zwangsvollstreckungsrechts.[398]

Ob eine Zwangsversteigerung oder -verwaltung durch das Insolvenzverfahren gehindert wird, hängt vom Zeitpunkt des Anordnungsbeschlusses ab. Er begründet gemäß §§ 20 Abs. 1, 23 Abs. 1 ZVG die Beschlagnahme des Grundstücks zugunsten des betreibenden Gläubigers. Der Anordnungsbeschluss muß vor Beginn der Frist gemäß § 88 InsO erfolgen.[399]

Ab wann Arresthypothek, Zwangshypothek und Zwangsvormerkung nicht mehr vom Vollstreckungsverbot betroffen sind, ist streitig.[400]

bb) Insolvenzgläubiger

Gemäß § 89 Abs. 1 InsO sind Zwangsvollstreckungsmaßnahmen einzelner Insolvenzgläubiger in die Insolvenzmasse während der Dauer des Insolvenzverfahrens verboten. Gleiches gilt gemäß § 89 Abs. 2, Satz 1 InsO auch für im einzelnen definierte Gläubiger, die keine Insolvenzgläubiger sind. Dieses absolute Verbot der Einzelzwangsvollstreckung ist insolvenzrechtlich nur insoweit gerechtfertigt, als dass Sanierungsbemühungen ansonsten behindert werden. Ist in einem Insolvenzverfahren bereits entschieden, dass eine Liquidation erfolgen soll, so könnte anstatt des Vollstreckungsverbots ebenso ein Anspruch der Masse auf Herausgabe des Erlöses oder eine Anrechnung des Erlöses an die zu erwartende Quote treten, um die Gleichbehandlung ungesicherter Gläubiger zu gewährleisten.

Das Insolvenzgericht kann gemäß § 89 Abs. 3, Satz 2 i.V.m. Abs. 1 und Abs. 2, Satz 1 InsO Zwangsvollstreckungsmaßnahmen vor seiner Entscheidung gegen Sicherheitsleistung einstweilig einstellen oder nur gegen Sicherheitsleistung fortsetzen. Einstweilige Anordnungen können aber nur dann ergehen, wenn die Erinnerung nicht aussichtslos ist.[401]

cc) Massegläubiger

Gemäß § 90 InsO besteht für bestimmte Masseverbindlichkeiten ein Verbot der Einzelzwangsvollstreckung für die Dauer von sechs Monaten seit der Eröffnung

---

[398]§§ 808 Abs. 1, 829 Abs. 3, 846, 857 Abs. 2, 930 ZPO. Vgl. im einzelnen: *Häsemeyer*, Insolvenzrecht, 2. A., 1998, S. 201 f.

[399]*Häsemeyer* (oben Fn. 398), S. 202; *Stöber* (oben Fn. 394), NZI 1998, 105, 106.

[400]Vgl. *Häsemeyer* (oben Fn. 398), S. 202 f. m.w.N.

[401]*Hess* (oben Fn. 10), § 89 Rn. 55; *Thomas/Putzo*, Zivilprozessordnung, 22. A., § 732 Rn. 11.

des Insolvenzverfahrens. Von diesem Verbot ausgenommen sind Masseverbindlichkeiten, die durch Rechtshandlungen des Insolvenzverwalters begründet worden sind.

Ebenso wie bei Insolvenzgläubigern erfolgt auch hier keine Differenzierung zwischen Sanierungs- und Liquidationsentscheidungen. Darüber hinaus ist in § 90 InsO kaum verständlich, warum eine Unterscheidung zwischen Masseverbindlichkeiten, die durch Rechtshandlungen des Insolvenzverwalters begründet worden sind, und anderen Masseverbindlichkeiten erfolgt. Diese Regelung hat zur Folge, dass ein Teil der Masseansprüche während des Insolvenzverfahrens leichter durch Einzelzwangsvollstreckungsmaßnahmen durchgesetzt werden kann, als gesicherte Ansprüche, etwa wenn der Insolvenzverwalter gesicherte bewegliche Sachen in Besitz hat. Damit werden im Rang niedrigere Masseverbindlichkeiten im Verwertungsrecht besser behandelt als höherrangige absonderungsberechtigte Ansprüche.

Darüber hinaus erscheint der Zeitraum von sechs Monaten willkürlich. Eine Orientierung an der Entscheidung der Gläubigerversammlung über die Art und Weise der Verwertung wäre sachgerechter.

dd) Arbeitnehmer

Zwangsvollstreckungsmaßnahmen in Dienstbezüge sind nach § 114 Abs. 3, Satz 1 InsO nur noch für den laufenden oder folgenden Monat wirksam. Neue Zwangsvollstreckungsversuche desselben Gläubigers sind während der Dauer des Insolvenzverfahrens nach § 89 Abs. 1, Abs. 2, Satz 1 InsO unzulässig.[402]

ee) Forderungen aus Dauerschuldverhältnissen

Für die Zwangsvollstreckung wegen Forderungen aus Dauerschuldverhältnissen trifft § 110 Abs. 2, Satz 2 InsO eine § 114 Abs. 3, Satz 1 InsO entsprechende Vorschrift.

ff) Forderungen aus Sozialplänen

Wegen der Sozialplanforderung kann nach § 123 Abs. 3, Satz 2 InsO, obwohl es sich um eine Masseverbindlichkeit handelt, nicht die Zwangsvollstreckung betrieben werden.[403] Dieses Vollstreckungsverbot wird damit begründet, dass nur so die Einhaltung der relativen Obergrenze, die § 123 Abs. 2, Satz 2 InsO

---

[402] Kübler/Prütting-*Moll* (oben Fn. 10), § 114 Rn. 42.
[403] *Hess* (oben Fn. 10), § 123 Rn. 43.

bestimmt, gewährleistet werden könne, weil die allgemeinen Vollstreckungsverbote der §§ 89, 90 InsO im Fall der Zwangsvollstreckung wegen Sozialplanansprüchen nicht greifen.[404]

Diese Begründung des Vollstreckungsverbots vermag nicht zu überzeugen. Auch hier könnten Einzelzwangsvollstreckungsmaßnahmen zugelassen und mit Herausgabeansprüchen gekoppelt werden. Insbesondere ist nicht ersichtlich, warum hier eine andere Behandlung erfolgen soll, als dies bei anderen Masseansprüchen der Fall ist.

b) Rechtfertigung der Differenzierung?

Das Insolvenzrecht greift sehr unterschiedlich stark in das Recht der Gläubiger zur Einzelzwangsvollstreckung ein. Eine Systematik ist darin nicht erkennbar. Den Regelungszielen des Insolvenzrechts wird ausschließlich § 30d Abs. 1, Satz 1 ZVG gerecht. Viele andere Einschränkungen gehen über die insolvenzrechtlich notwendigen Eingriffe hinaus oder bleiben hinter ihnen zurück.

Noch verständlich ist eine Differenzierung der Intensität des Eingriffs nach dem Rang der Forderungen in der Insolvenz. Folge dieses Ansatzes ist es, dass für Insolvenzgläubiger ein Vollstreckungsverbot herrscht, während in Verwertungshandlungen von absonderungsberechtigten Gläubigern in unbewegliche Gegenstände nur eingeschränkt eingegriffen werden kann.

Dieses Gliederungsprinzip wird jedoch stark durchbrochen. So ist die Differenzierung beim Eingriff in das Verwertungsrecht absonderungsberechtigter Gläubiger zwischen beweglichen und unbeweglichen Sachen inkonsequent. Vor allem führt jedoch der verhältnismäßig geringe Eingriff bei Massegläubigern zu einem Bruch mit der Gliederung nach dem Rang der Forderungen in der Insolvenz.

2. Beschränkungen vor Verfahrenseröffnung

Einzelzwangsvollstreckungsmaßnahmen können auch bereits vor Eröffnung des Insolvenzverfahrens eingeschränkt werden bzw. ihre Zulässigkeit kann nachträglich entfallen.

Gemäß § 30d Abs. 4 ZVG kann auch der vorläufige Insolvenzverwalter die einstweilige Einstellung der Zwangsversteigerung beantragen. Der vorläufige Verwalter muss glaubhaft machen, dass die einstweilige Einstellung zur

---

[404] Kübler/Prütting-*Moll* (oben Fn. 10), §§ 123, 124 Rn. 91.

Verhütung nachteiliger Veränderungen in der Vermögenslage des Schuldners erforderlich ist. Die Kriterien daran dürfen nicht sehr hoch angesiedelt werden[405], da ansonsten der Einstellungsgrund gemäß § 30d Abs. 1, Satz 1, Nr. 1 ZVG, wonach vor dem Berichtstermin eine Einstellung ohne weitere Voraussetzungen anzuordnen ist, ins Leere läuft.

Einzustellen ist auf Antrag des vorläufigen Verwalters nicht nur eine auf Antrag eines absonderungsberechtigten Gläubigers betriebene Zwangsversteigerung, sondern auch die Zwangsversteigerung, die auf Antrag eines späteren Insolvenzgläubigers angeordnet ist.[406] Dies ist konsequent, da ein Vollstreckungsverbot gemäß § 89 InsO zwischen Insolvenzantrag und Verfahrenseröffnung nicht besteht.

Mit Insolvenzeröffnung entfällt nicht automatisch die Einstellung gemäß § 30d Abs. 4 ZVG, es müssen ferner auch die anderen Einstellungsvoraussetzungen des § 30 d Abs. 1 ZVG nicht vorliegen.[407]

Darüberhinaus greift vor Insolvenzeröffnung die Sperre des § 88 InsO einen Monat zurück, wonach von Insolvenzgläubigern erlangte Sicherheiten unwirksam werden. Dazu zählt auch die Erlangung eines Absonderungsrechts durch eine bereits begonnene Einzelzwangsvollstreckung.

Ferner können nach § 21 InsO Beschränkungen der Einzelzwangsvollstreckung ohne Differenzierung nach Gläubigergruppen angeordnet werden.

III. Regelungen im Internationalen Insolvenzrecht

1. Deutsches Recht

Wie bereits dargelegt, besitzt das deutsche Internationale Insolvenzrecht mit Art. 102 Abs. 1 EGInsO nur eine allgemeine Norm, die das Universalitätsprinzip zum Ausdruck bringt.

Die Regelung des § 237 KO wurde bewusst nicht in die Insolvenzordnung übernommen. Danach war die Einzelzwangsvollstreckung in Vermögensgegenstände, die im Inland belegen sind, erlaubt, wenn im Ausland ein Konkursverfahren eröffnet ist. Somit bestand eine Sondervorschrift gegenüber § 14 KO, wonach im Grundsatz ein Vollstreckungsverbot für Konkursgläubiger

---

[405] Ebenso *Lwowski/Tetzlaff* (oben Fn. 393), WM 1999, 2336, 2339.
[406] *Zeller/Stöber* (oben Fn. 392), § 30d Rn. 6.
[407] *Stöber* (oben Fn. 395), NZI 1999, 439, 440 f.

galt. § 237 KO war jedoch bereits während der Geltung der Konkursordnung sehr umstritten.[408]

In der Literatur besteht inzwischen weitgehende Einigkeit, dass sich Beschränkungen des Einzelzwangsvollstreckungsrechts von ungesicherten Insolvenzgläubigern nach der lex fori concursus richten.[409] Dies entspricht auch der Begründung des Regierungsentwurfs zur Insolvenzordnung.[410]

Ferner ist es inzwischen anerkannt, dass das Recht eines ausländischen Insolvenzverwalters, die Herausgabe des Erlöses einer im Inland erfolgreichen Einzelzwangsvollstreckung zu verlangen, im Inland anzuerkennen ist.[411] Für Zwangsvollstreckungen im Ausland und Insolvenzverfahren im Inland gilt das gleiche.[412]

Noch völlig unklar ist hingegen, ob sich die Geltung der lex fori concursus auch auf Vollstreckungsmaßnahmen von absonderungsberechtigten Gläubigern erstreckt. Während der größte Teil der Literatur schweigt und die Geltung der lex fori concursus nur auf die Geltung von §§ 89, 90 InsO auch im Ausland bezieht[413], bleiben vereinzelte Stimmen unklar.

So wird die Auffassung vertreten, dass aus- und absonderungsberechtigte Gläubiger ihre Rechte auch nach Konkurseröffnung in den USA weiterhin in Deutschland gerichtlich geltend machen können. Nach dieser Meinung soll dadurch auch nicht gegen den Automatic Stay gemäß § 362 (a) BC verstoßen werden, da eine dahingehende Wirkungserstreckung des amerikanischen Konkursverfahrens Art. 102 Abs. 1 EGInsO nicht zu entnehmen sei.[414] Abgesehen davon, dass sich die Wirkungserstreckung des amerikanischen Rechts nicht aus deutschem Recht ergeben kann, sondern das deutsche Recht nur Grenzen der Anerkennung eines universal geltenden amerikanischen Rechts

---

408 *Trunk* (oben Fn. 1), S. 307 ff.; *Summ* (oben Fn. 150), S. 101 ff.; *Thieme*, Inlandsvollstreckung und Auslandskonkurs, RabelsZ 1973, 682, 691 ff.; *Ebenroth* (oben Fn. 150), ZZP 101 (1988), 134 ff.; *Aderhold* (oben Fn. 178), S. 243.

409 Kübler/Prütting-*Kemper* (oben Fn. 10), Art. 102 EGInsO Rn. 121 und 207; Heidelberger Kommentar-*Kirchhof* (oben Fn. 10), Art. 102 EGInsO Rn. 11 und 38 f.; Frankfurter Kommentar-*Wimmer* (oben Fn. 10), Art. 102 Rn. 302; *Häsemeyer* (oben Fn. 398), S. 767; *Geimer* (oben Fn. 168), Rn. 3534; kritisch *Flessner* (oben Fn. 81), IPRax 1997, 1, 5 f.

410 RegE InsO, BR-Drucks. 1/92, S. 238.

411 OLG Düsseldorf IPRspr. 1990 Nr. 254b, S. 556 ff.; *Lüer* (oben Fn. 147), in: Kölner Schrift zur Insolvenzordnung, 2. A., 2000, S. 297-322, S. 307.

412 BGHZ 88, 147 in Abgrenzung zu RGZ 54, 193; *Trunk* (oben Fn. 1), S. 160 ff.

413 Vgl. Kübler/Prüttung-*Kemper* (oben Fn. 10), Art. 102 EGInsO Rn. 207.

414 *Habscheid* (oben Fn. 68), S. 366.

bestimmen kann, fragt sich, wie aus Art. 102 Abs. 1 EGInsO diese Beschränkung der Anerkennung herausgelesen werden kann.

Die Zulässigkeit von Einzelzwangsvollstreckungsmaßnahmen absonderungsberechtigter Gläubiger bei im Ausland belegenen Sicherungsrechten mit einem Verweis auf die Rechtsprechung zu begründen, kann auch nicht überzeugen.[415] So betrifft die zitierte Rechtsprechung[416] nicht die Einzelzwangsvollstreckung eines absonderungsberechtigten Gläubigers, sondern die eines Konkursgläubigers. Von größerer Bedeutung ist jedoch, dass die Rechtsprechung zur Konkursordnung hier gerade nicht mehr heranzuziehen ist, da erst mit der Insolvenzordnung eine Einschränkung des Verwertungsrechts absonderungsberechtigter Gläubiger in §§ 166 ff. InsO, §§ 30d, 153b ZVG erfolgt ist.

Eine Stimme in der Literatur möchte die Verpflichtung zur Herausgabe des durch die Zwangsvollstreckung im Ausland Erlangten nicht auf dinglich gesicherte Gläubiger anwenden.[417] Die Begründung erfolgt aus der entsprechenden Anwendung von Art. 20, 5 und 7 EuInsVO. Dieser analogen Anwendung der EuInsVO kann jedoch ebenso nicht gefolgt werden, wie der Normierung in der EuInsVO selbst.[418]

Auch die Begründung des Regierungsentwurfs zur Insolvenzordnung gibt keine eindeutige Antwort. Zwar kritisiert die Regierungsbegründung das Istanbuler Übereinkommen, wonach die Einzelzwangsvollstreckung für bestimmte Gläubigergruppen ermöglicht werden soll.[419] Dazu zählen auch die bevorrechtigten Gläubiger. Doch enthält der Regierungsentwurf mit § 390 RegE InsO eine Norm, die bestimmt, dass Sicherungsrechte von der Eröffnung eines ausländischen Insolvenzverfahrens nicht berührt werden sollen. Zwar verweist die Regierungsbegründung darauf, dass eine Einzelzwangsvollstreckung entsprechend dem Istanbuler Übereinkommen nicht notwendig sei, weil der Regierungsentwurf eine Teilnahmeberechtigung aller Gläubiger am Sonderinsolvenzverfahren gewähre, doch ändert dies nichts daran, dass, solange kein inländisches Sekundärinsolvenzverfahren eröffnet ist, aufgrund der Regelung in § 390 RegE InsO Einzelzwangsvollstreckungsmaßnahmen von absonderungsberechtigten Gläubigern im Inland möglich bleiben.

---

[415] So jedoch *Balz* (oben Fn. 66), ZIP 1996, 948, 952.
[416] BGHZ 88, 147.
[417] Heidelberger Kommentar-*Kirchhof* (oben Fn. 10), EGInsO Art. 102, Rn. 39.
[418] Vgl. unten unter 2.
[419] RegE InsO BR-Drucks. 1/92, S. 238.

2. EuInsVO

Art. 4 Abs. 2 Buchst. f EuInsVO bestimmt, dass das Recht des Staates der Verfahrenseröffnung insbesondere regelt, wie sich die Eröffnung eines Insolvenzverfahrens auf Rechtsverfolgungsmaßnahmen einzelner Gläubiger auswirkt. Davon sollen die Wirkungen auf anhängige Rechtsstreitigkeiten ausgenommen sein. In der Literatur wird die Auffassung vertreten, dass mit Rechtsverfolgungsmaßnahmen auch Einzelzwangsvollstreckungsmaßnahmen gemeint sein sollen.[420]

Selbst wenn damit auch Einzelzwangsvollstreckungsmaßnahmen absonderungsberechtigter Gläubiger erfasst sind, verhindert die EuInsVO trotzdem nicht die Einzelzwangsvollstreckung dieser Gläubigergruppe, auch wenn die lex fori concursus dies bestimmt. Dies ist eine Folge des Art. 5 Abs. 1 EuInsVO, wonach die Eröffnung eines Insolvenzverfahrens ein im Ausland belegenes Sicherungsrecht nicht berührt.

Dies wird durch die Ausnahmeregelung in Art. 20 EuInsVO bestätigt. Art. 20 EuInsVO bestimmt u.a., dass Gläubiger, die nach Eröffnung eines Insolvenzverfahrens durch Zwangsvollstreckung aus einem Gegenstand der Masse befriedigt wurden, der in einem anderen Mitgliedsstaat belegen ist, das Erlangte an den Verwalter herauszugeben haben. Dies gilt jedoch nur vorbehaltlich der Regelung von Art. 5 und 7 EuInsVO, was im Ergebnis bedeutet, dass die Einzelzwangsvollstreckung von gesicherten Gläubigern ohne Konsequenzen bleibt. Daraus muss man schließen, dass Art. 5 und 7 EuInsVO auch die Einzelzwangsvollstreckung von gesicherten Gläubigern in im Ausland belegene Sicherungsrechte erlauben soll.[421]

IV. Notwendige Reichweite der lex fori concursus

1. Einbeziehen von Vollstreckungsmaßnahmen absonderungsberechtigter Gläubiger

Es sind keine Gründe ersichtlich, warum man die Geltung der lex fori concursus nur auf die Einschränkung der Einzelzwangsvollstreckung durch Insolvenzgläubiger, nicht jedoch auf die von absonderungsberechtigten Gläubigern oder Massegläubigern beziehen sollte. Soll der Eingriff in das Verwertungsrecht absonderungsberechtigter Gläubiger weniger intensiv sein, als dies bei Insolvenzgläubigern der Fall ist, so genügt eine unterschiedliche Sachregelung im

---

[420] Kübler/Prütting-*Kemper* (oben Fn. 10), Art. 102 EGInsO Rn. 208.

[421] Ebenso *Balz* (oben Fn. 66), ZIP 1996, 948, 952.

nationalen Recht, wie es das deutsche Recht vorsieht, da dies durch die Geltung der lex fori concursus gleichermaßen zu einer unterschiedlichen Behandlung bei Einzelzwangsvollstreckung im Ausland führt.

Aus der Rechtslage zur Konkursordnung, dass die deutsche lex fori concursus Zwangsvollstreckungsmaßnahmen von Konkursgläubigern im Ausland verboten hat, was zu Herausgabeansprüchen des Konkursverwalters geführt hat, während Zwangsvollstreckungsmaßnahmen von absonderungsberechtigten Gläubigern im Ausland zulässig waren, darf nicht geschlossen werden, dass die Konkursordnung eine Differenzierung zwischen diesen beiden Gläubigergruppen vorgenommen hat, was die Geltung der lex fori concursus angeht. Denn auch die Anwendung der lex fori concursus auf das Verwertungsrecht absonderungsberechtigter Gläubiger führte unter Geltung der Konkursordnung zur Zulässigkeit von Zwangsvollstreckungsmaßnahmen absonderungsberechtigter Gläubiger im Ausland. Dies ist eine Folge des deutschen Konkursrechts gewesen, wonach auch im Inland Zwangsvollstreckungsmaßnahmen absonderungsberechtigter Gläubiger zulässig waren.

Wendet man die lex fori concursus nun unter Geltung der Insolvenzordnung konsequent an, so erhebt das deutsche Recht bei Verfahrenseröffnung in Deutschland nicht nur den Anspruch, §§ 89, 90 InsO auch im Ausland anzuwenden, sondern ebenso die Einschränkungen der Zwangsvollstreckung gemäß §§ 30d, 153b ZVG und §§ 166 ff. InsO oder auch gemäß § 114 Abs. 3, Satz 1, § 110 Abs. 2, Satz 2, § 123 Abs. 3, Satz 2 InsO auch im Ausland vorzunehmen.

2. Sachregelungen im Internationalen Insolvenzrecht?

Die Darstellung des deutschen Rechts hat gezeigt, dass die Einschränkung der Zwangsvollstreckung nicht in allen Fällen der insolvenzrechtlichen Zielsetzung entspricht. Im folgenden soll untersucht werden, inwieweit eine Sachregelung im Internationalen Insolvenzrecht vorgenommen werden sollte.

a) Verbot der Einzelzwangsvollstreckung bei Sanierung

Die Zulässigkeit von Einzelzwangsvollstreckungsmaßnahmen in der Insolvenz kann Sanierungsmaßnahmen verhindern. Auch im deutschen Recht ist nicht sichergestellt, dass alle Zwangsvollstreckungsmaßnahmen eingestellt werden können, wenn eine Sanierung der Unternehmensgesamtheit angestrebt wird. Es stellt sich die Frage, ob in das Internationale Insolvenzrecht eine Sachregelung aufgenommen werden sollte, wonach Einzelzwangsvollstreckungsmaßnahmen einzustellen sind, wenn dies Sanierungsentscheidungen behindert. Denkbar wäre eine ähnliche Regelung wie § 30d Abs. 1, Satz 1 ZVG. Insolvenzrechtlich wäre dies sicher von Vorteil.

Trotzdem ist das Internationale Insolvenzrecht die falsche Regelungsebene. Es ist nicht ersichtlich, warum in grenzüberschreitenden Insolvenzverfahren eine weitergehende Einschränkung der Einzelzwangsvollstreckung erfolgen sollte, als dies bei rein nationalen Verfahren der Fall ist. Mit Geltung der lex fori concursus ist sichergestellt, dass grenzüberschreitende Verfahren ebenso behandelt werden wie nationale Verfahren. Missstände müssen demnach im nationalen Insolvenzrecht behoben werden.

Zweckmäßig könnte eine Ausnahme bei der Eröffnung von Sekundärverfahren sein. Entscheiden die Gläubiger des Hauptinsolvenzverfahrens, dass ein Sekundärverfahren eröffnet werden darf, etwa weil eine Unternehmenseinheit im Ausland isoliert vom Inlandsvermögen saniert werden soll, so könnte die Sanierung daran scheitern, dass das Insolvenzrecht des Staates, in dem das Sekundärverfahren eröffnet wurde, keine Beschränkungsmöglichkeit der Einzelzwangsvollstreckung kennt.

Es stellt sich die Frage, wie dieses Sanierungshindernis ausgeräumt werden kann. Zunächst muss bedacht werden, dass die Zulässigkeit von Einzelzwangsvollstreckungsmaßnahmen in Sekundärverfahren dem Willen des dortigen Gesetzgebers entsprechen und rein innerstaatliche Insolvenzverfahren in diesen Staaten ebenso zu behandeln sind. Trotzdem schränkt diese Regelung die Verwertungsoption "Abgetrennte Sanierung einer ausländischen Unternehmenseinheit" ein. Die Gläubiger des Hauptverfahrens sollten daher die Möglichkeit erhalten, bei der Entscheidung über die Zulässigkeit von Sekundärverfahren gleichzeitig Entscheidungen über die Zulässigkeit von Einzelzwangsvollstreckungsmaßnahmen im Sekundärverfahren zu treffen. Die Durchsetzbarkeit dieser Regelung hängt ebenso wie die Beschränkung der Eröffnung von Sekundärverfahren von der Anerkennung des ausländischen Staates ab.

Die Gläubiger des Hauptverfahrens sollten daher die Möglichkeit erhalten, bei der Entscheidung über die Zulässigkeit von Sekundärverfahren gleichzeitig Entscheidungen über die Zulässigkeit von Einzelzwangsvollstreckungsmaßnahmen im Sekundärverfahren zu treffen.

b) Zulässigkeit der Einzelzwangsvollstreckung bei Liquidation

Insolvenzrechtlich sind Beschränkungen der Einzelzwangsvollstreckung nach einer Liquidationsentscheidung nicht notwendig. Es gibt jedoch keinen Grund, im Internationalen Insolvenzrecht Sachnormen zu bestimmen, die Beschränkungen der Einzelzwangsvollstreckung bei Liquidation nach dem Recht des Staates der Verfahrenseröffnung im Ausland nicht zur Anwendung bringen. Für das Insolvenzrecht ist diese Beschränkung ohne Bedeutung.

3. Grenzen der lex fori concursus

Die lex fori concursus kann nur das Insolvenzrecht des Staates der Verfahrenseröffnung auch in Auslandssachverhalten zur Anwendung bringen. Die Grenze der Wirkung der lex fori concursus ist demnach dort, wo keine insolvenzrechtliche Fragestellung betroffen ist. Diese Abgrenzung darf nicht formal daran festgemacht werden, welche Normen z.B. für Deutschland in der Insolvenzordnung zu finden sind und welche nicht. So sind etwa §§ 30d, 153b ZVG insolvenzrechtliche Regelungen, da sie eine Einschränkung der Zwangsvollstreckung aufgrund des Insolvenzverfahrens normieren.

Das Entstehen von Absonderungsrechten durch Zwangsvollstreckungsmaßnahmen, die vor Insolvenzeröffnung begonnen haben, ist hingegen keine insolvenzrechtliche Frage mehr, auch wenn dies eine unterschiedliche Behandlung in der Insolvenz zur Folge hat. Ebenso wie die Qualifizierung von Sicherungsrechten ist dies eine Vorfrage, die nicht der Wirkung der lex fori concursus unterliegt.

Teil V: Normierung im deutschen und europäischen Recht

§ 23 Geltungsbereich

I. Einführung

Eine EG-Verordnung bedarf zum Wirksamwerden keiner Umsetzung ins nationale Recht. Die Verordnung unterscheidet sich damit von den früheren Plänen, ein Europäisches Insolvenzübereinkommen zu schaffen.

Mit Fragen der Umsetzung des EuInsÜ und der Anwendung auf Drittstaaten hat sich auf Bitte des BMJ die Sonderkommission "Internationales Insolvenzrecht" des Deutschen Rates für IPR am 29./30.11.1996 beschäftigt.[422] Die Überlegungen zur technischen Umsetzung des EuInsÜ[423] sind mit einer Verordnung hinfällig geworden.
Die Kommission hat sich darüber hinaus jedoch auch mit der Frage befasst, ob und wie über den Geltungsbereich des EuInsÜ hinaus das deutsche Internationale Insolvenzrecht ausgestaltet werden sollte.

Der Rechtsausschuß des Deutschen Bundestags hatte vorgeschlagen, dass in das Zustimmungsgesetz zu dem EU-Übereinkommen eine Regelung aufgenommen wird, nach der die Vorschriften des Übereinkommens im wesentlichen unverändert auch im Verhältnis zu Nichtvertragsstaaten anzuwenden sind.[424] Eine Erstreckung des EuInsÜ auf Drittstaaten wird jedoch entgegen dem Vorschlag des Rechtsausschusses des Bundestags von allen Gutachtern der Kommission abgelehnt.[425]

---

[422] Vorschläge und Gutachten zur Umsetzung des EU-Übereinkommens über Insolvenzverfahren im deutschen Recht, Hrsg.: Hans Stoll, Tübingen 1997.

[423] *Trunk*, Regelungsschwerpunkte eines Ausführungsgesetzes zum Europäischen Insolvenzübereinkommen, in: Vorschläge und Gutachten zur Umsetzung des EU-Übereinkommens über Insolvenzverfahren im deutschen Recht, 1997, S. 232-250.

[424] BT-Drucks. 12/7303, S. 117.

[425] *Leipold*, Zum künftigen Weg des deutschen Internationalen Insolvenzrechts (Anwendungsbereich, internationale Zuständigkeit, Anerkennung und Vollstreckung), in: Vorschläge und Gutachten zur Umsetzung des EU-Übereinkommens über Insolvenzverfahren im deutschen Recht, 1997, S. 185-201, S. 201; *Hanisch*, Stellungnahme zu der Frage, ob und gegebenfalls in welcher Weise ein in seiner Wirkung territorial beschränktes Sonderinsolvenzverfahren über das Inlandsvermögen eines Schuldners vorzusehen ist, wenn dieser den Mittelpunkt seiner hauptsächlichen Interessen im Ausland hat, in: Vorschläge und Gutachten zur Umsetzung des EU-Übereinkommens über Insolvenzverfahren im deutschen Recht, 1997, S. 202-218, S. 205 f.; *Flessner* (oben Fn. 81), in: Vorschläge und Gutachten zur Umsetzung des EU-Übereinkommens über Insolvenzverfahren im deutschen Recht, 1997, S.

II. Probleme der Anwendung des EuInsÜ bzw. der EuInsVO auf Drittstaaten

Wimmer weist bereits in seinen Vorüberlegungen auf die Kritik hin, die die Aussage des Rechtsausschusses, das EuInsÜ könne im Ausführungsgesetz auch gegenüber Drittstaaten für anwendbar erklärt werden, erfahren hat.[426] Zum einen wird das EuInsÜ ganz wesentlich von dem Vertrauen in die Rechtsstaatlichkeit und Funktionsfähigkeit der Justiz in den Mitgliedsstaaten getragen. Gegenüber Drittstaaten muss im Einzelfall überprüft werden, ob ein vergleichbares Vertrauen gerechtfertigt ist. Zum zweiten blieben Maßnahmen der Vollstreckung, die nach dem EuInsÜ gemäß dem EuGVÜ abgewickelt werden sollen, ungeregelt und schließlich setzt die dem EuInsÜ zugrundeliegende enge Koordinierung zwischen Haupt- und Sekundärinsolvenzverfahren voraus, dass dieses Übereinkommen in den Staaten beider Insolvenzverfahren gilt.

III. Alternative Regelungen für Drittstaaten

Lassen sich die Regelungen der EuInsVO nicht ohne Änderungen auf Drittstaaten übertragen, so stellt sich die Frage nach einer alternativen Regelung. Schafft man ein autonomes Internationales Insolvenzrecht, so wird dies ab dem 31.5.2002 von der EuInsVO verdrängt, wenn es sich um grenzüberschreitende Insolvenzfälle handelt, die sich auf das Gebiet der EU mit Ausnahme Dänemarks beschränken. Treten neben den Auslandsbezügen zu Staaten der EuInsVO weitere Auslandsbezüge hinzu, so tritt neben die EuInsVO das autonome Internationale Insolvenzrecht, das die Bezüge zu Drittstaaten regelt. Ferner kommt das autonome Internationale Insolvenzrecht auch dann zur Anwendung, wenn dieses Regelungen trifft, die in der EuInsVO ungeregelt geblieben sind und damit nicht gegen die EuInsVO verstoßen.[427]

219-231, S. 220; *Trunk* (oben Fn. 423), in: Vorschläge und Gutachten zur Umsetzung des EU-Übereinkommens über Insolvenzverfahren im deutschen Recht, 1997, S. 232-250, S. 233 f.; vgl. auch *Wimmer*, Vorüberlegungen zur Umsetzung des Europäischen Insolvenzübereinkommens und zum deutschen Internationalen Insolvenzrecht, in: Vorschläge und Gutachten zur Umsetzung des EU-Übereinkommens über Insolvenzverfahren im deutschen Recht, 1997, S. 179-182, S. 180.

[426] *Wimmer* (oben Fn. 425), in: Vorschläge und Gutachten zur Umsetzung des EU-Übereinkommens über Insolvenzverfahren im deutschen Recht, 1997, S. 179-182, S. 180.

[427] So auch *Trunk* (oben Fn. 423), in: Vorschläge und Gutachten zur Umsetzung des EU-Übereinkommens über Insolvenzverfahren im deutschen Recht, 1997, S. 232-250, S. 234.

1. Vorschläge der Kommission zur Einbeziehung in Drittstaaten belegener Sicherungsrechte

Flessner begründet in seinem Gutachten[428], dass Art. 5 EuInsÜ dingliche Rechte der lex rei sitae unterwerfen würde. Wie bereits dargelegt[429], kann diese Auffassung nicht überzeugen. Sein Vorschlag, durch eine Umformulierung der Norm angebliche Auslegungsunklarheiten zu beseitigen und damit (auch) gegenüber Drittstaaten die lex rei sitae zur Anwendung zu bringen[430], wurde von einer deutlichen Mehrheit der Kommission abgelehnt.[431] Die Mehrheit der Kommission ist der Auffassung, dass dingliche Rechte an inländischen Gegenständen des Schuldners nicht weniger zu schützen sind, wenn in einem Drittstaat ein Insolvenzverfahren eröffnet wird. Auf eine analoge Anwendung des Art. 5 EuInsÜ im übereinkommensfreien deutschen Insolvenzrecht sei jedoch kein Verlass, weil es sich um eine politische Ausnahmevorschrift handele, welche das insolvenzrechtliche Universalitätsprinzip zugunsten bestimmter Personen einschränkt. Statt dessen soll in einseitiger Formulierung zugunsten der Inhaber von dinglichen Rechten an inländischen Vermögensgegenständen des Schuldners eine Norm in das deutsche internationale Insolvenzrecht aufgenommen werden.[432]

Art. 7 EuInsÜ soll nach Ansicht von *Flessner* in das autonome Internationale Insolvenzrecht übernommen werden.[433] Eine Stellungnahme der Kommission in der Zusammenfassung fehlt hier.

Hanisch weist in seinem Gutachten ferner darauf hin, dass in Sonderinsolvenzverfahren auch dingliche Rechte in der Regel durch die lex fori concursus des Staates der Eröffnung dieses Verfahrens der insolvenzrechtlichen Behandlung zugänglich sind.[434]

---

428 *Flessner* (oben Fn. 81), in: Vorschläge und Gutachten zur Umsetzung des EU-Übereinkommens über Insolvenzverfahren im deutschen Recht, 1997, S. 219-231, S. 222.
429 Vgl. oben unter § 5 I 2 a).
430 Vgl. den Textvorschlag bei *Flessner* (oben Fn. 81), in: Vorschläge und Gutachten zur Umsetzung des EU-Übereinkommens über Insolvenzverfahren im deutschen Recht, 1997, S. 219-231, S. 222.
431 Zusammenfassung, in: Vorschläge und Gutachten des EU-Übereinkommens über Insolvenzverfahren im deutschen Recht, Hrsg.: Hans Stoll, 1997, S. 253.
432 Zusammenfassung, in: Vorschläge und Gutachten des EU-Übereinkommens über Insolvenzverfahren im deutschen Recht, Hrsg.: Hans Stoll, 1997, S. 253.
433 *Flessner* (oben Fn. 81), in: Vorschläge und Gutachten zur Umsetzung des EU-Übereinkommens über Insolvenzverfahren im deutschen Recht, 1997, S. 219-231, S. 223.
434 *Hanisch* (oben Fn. 425), in: Vorschläge und Gutachten zur Umsetzung des EU-Übereinkommens über Insolvenzverfahren im deutschen Recht, 1997, S. 202-218, S. 216 f.

2. Vorschläge der Kommission zur Ausgestaltung von Sekundärverfahren bei Insolvenzen mit Bezug zu Drittstaaten

Mit der Ausgestaltung von Sekundärverfahren im autonomen Internationalen Insolvenzrecht beschäftigt sich *Hanisch* in seinem Gutachten.[435] Danach soll die Existenz einer Niederlassung des Schuldners im Inland weiterhin Eröffnungsvoraussetzung für Sekundärverfahren sein. Der Begriff der Niederlassung soll entsprechend Art. 2 h EuInsÜ weit gefasst sein.[436] Ferner sieht Hanisch jedoch die Notwendigkeit einer Schutzklausel für im Inland domizilierte Gläubiger. Dieser Vermögensgerichtsstand soll einen engen Anwendungsbereich haben und zwar dahingehend, dass der Schutz in hinreichender Weise und nur durch ein Sekundärverfahren gewährleistet werden kann.[437] Hanisch unterbreitet dazu einen Formulierungsvorschlag.[438] Mit diesem Vorschlag konnte sich Hanisch jedoch nicht durchsetzen, da in der Zusammenfassung der Kommissionsdiskussion die Forderung aufgenommen wurde, dass Sekundärverfahren jeder Gläubiger beantragen können sollte, wobei ein besonderes Interesse nachzuweisen sei.[439]

Auch das Antragsrecht auf Eröffnung eines Sekundärverfahrens soll nach Ansicht des Gutachtens abweichend von Art. 29 EuInsÜ geregelt werden. Während der ausländische Hauptinsolvenzverwalter auch im autonomen Internationalen Insolvenzrecht ein Antragsrecht erhalten soll, soll das Antragsrecht der Gläubiger auf diejenigen beschränkt sein, die ihren Wohnsitz, Sitz oder gewöhnlichen Aufenthalt im Inland haben.[440] Auch hier gilt, dass die Kommission in ihrem zusammenfassenden Bericht festgeschrieben hat, dass sie das Antragsrecht der Gläubiger nicht beschränken möchte.[441]

Die Kooperationsregelungen sind im EuInsÜ sehr detailliert geregelt. Aufgrund der Einseitigkeit einer autonomen Regelung seien hier Abstriche vorzunehmen.

---

[435] *Hanisch* (oben Fn. 425), in: Vorschläge und Gutachten zur Umsetzung des EU-Übereinkommens über Insolvenzverfahren im deutschen Recht, 1997, S. 202-218.

[436] *Hanisch* (oben Fn. 425), in: Vorschläge und Gutachten zur Umsetzung des EU-Übereinkommens über Insolvenzverfahren im deutschen Recht, 1997, S. 202-218, S. 207 f.

[437] *Hanisch* (oben Fn. 425), in: Vorschläge und Gutachten zur Umsetzung des EU-Übereinkommens über Insolvenzverfahren im deutschen Recht, 1997, S. 202-218, S. 209 f.

[438] *Hanisch* (oben Fn. 425), in: Vorschläge und Gutachten zur Umsetzung des EU-Übereinkommens über Insolvenzverfahren im deutschen Recht, 1997, S. 202-218, S. 210.

[439] Zusammenfassung, in: Vorschläge und Gutachten des EU-Übereinkommens über Insolvenzverfahren im deutschen Recht, Hrsg.: Hans Stoll, 1997, S. 252.

[440] *Hanisch* (oben Fn. 425), in: Vorschläge und Gutachten zur Umsetzung des EU-Übereinkommens über Insolvenzverfahren im deutschen Recht, 1997, S. 202-218, S. 213.

[441] Zusammenfassung, in: Vorschläge und Gutachten des EU-Übereinkommens über Insolvenzverfahren im deutschen Recht, Hrsg.: Hans Stoll, 1997, S. 252.

So sei die Verpflichtung zur Kooperation in Art. 31 EuInsÜ kaum durchführbar, wenn die ausländische Verwaltung des Hauptverfahrens selbst keine Anstalten zur Zusammenarbeit trifft.[442] Ferner sei es fraglich, ob die Regelung des Art. 33 EuInsÜ, wonach der Verwalter des ausländischen Hauptinsolvenzverfahrens das Recht zum Antrag auf Aussetzung der Verwertung besitzt, in das autonome Internationale Insolvenzrecht aufgenommen werden sollte.[443] Dieser Zweifel wurde von der Gesamtheit der Kommission geteilt.[444]

3. Bewertung

Die Vorschläge der Kommission für ein autonomes Internationales Insolvenzrecht sind insofern interessant, als dass sie erkennen lassen, wo Fehler des EuInsÜ bzw. der übereinstimmenden EuInsVO nicht über die EU-Staaten hinaus Geltung erlangen sollen. Im einzelnen ist folgendes anzumerken:

Die Schaffung eines autonomen deutschen Internationalen Insolvenzrechts ist richtig. Der Konventionscharakter der EuInsVO läßt sich nicht auf Drittstaaten übertragen.

Erfreulich ist es festzustellen, dass auch die Kommission Art. 5 EuInsÜ bzw. Art. 5 EuInsVO als politisch motiviert betrachtet, der im Interesse bestimmter Personen geschaffen wurde. Die Konsequenz, die die Kommission daraus zieht, ist jedoch ernüchternd. Die Überlegung, dass dingliche Rechte an inländischen Gegenständen des Schuldners nicht weniger zu schützen sind, wenn in einem Drittstaat ein Insolvenzverfahren eröffnet wird, da eine Ungleichbehandlung aufgrund des Ortes der Eröffnung eines Verfahrens in einem ausländischem EU-Staat oder einem Nicht-EU-Staat unzweckmäßig erscheint, ist ebenso von Interessen geprägt wie Art. 5 EuInsVO.

Dass die Kommission Art. 5 EuInsVO nicht in Frage stellt, ist deshalb nachvollziehbar, weil die Kommission ihrem Auftrag nach das EuInsÜ nicht in Frage stellen, sondern Konsequenzen aus dieser Regelung aufzeigen sollte. Ebenso unbefriedigend, aber dann konsequent ist die Übernahme der Regelung von Art. 7 EuInsVO.

---

[442] *Hanisch* (oben Fn. 425), in: Vorschläge und Gutachten zur Umsetzung des EU-Übereinkommens über Insolvenzverfahren im deutschen Recht, 1997, S. 202-218, S. 215.
[443] *Hanisch* (oben Fn. 425), in: Vorschläge und Gutachten zur Umsetzung des EU-Übereinkommens über Insolvenzverfahren im deutschen Recht, 1997, S. 202-218, S. 206.
[444] Zusammenfassung, in: Vorschläge und Gutachten des EU-Übereinkommens über Insolvenzverfahren im deutschen Recht, Hrsg.: Hans Stoll, 1997, S. 255.

Die Aufweichung des Niederlassungserfordernisses macht deutlich, dass dieser Fehler des EuInsÜ erkannt wurde. Insofern ist auch ein eingeschränkter Vermögensgerichtsstand ein Fortschritt. Die Beschränkung dieses Gerichtsstands für Gläubiger, die im Inland domiziliert sind, erscheint jedoch wiederum als interessenbedingte Regelung. Der Nachweis eines besonderen Interesses, wie dies die Kommission fordert, ist da schon ein besseres Instrument, die Zahl von Sekundärverfahren zu beschränken, als ein Niederlassungserfordernis aufzustellen. Bei einer engeren Bindung des Sekundärverfahrens an das Hauptverfahren, wie hier vertreten, sind solche Einschränkungen des Vermögensgerichtsstands bei Sekundärverfahren jedoch nicht erforderlich.

Ein Antragsrecht für ausländische Hauptinsolvenzverwalter ist nur dann notwendig, wenn Gläubiger nicht selbst die Möglichkeit besitzen, ein Sekundärverfahren zu beantragen.[445] Angesichts der Gewährleistung des Gläubigerantrags ist vor dem Hintergrund der Gläubigerautonomie ein darüberhinausgehendes Antragsrecht nicht erforderlich.

Umgekehrt führt die Nichtübernahme der Regelung des Art. 33 EuInsVO ins autonome Internationale Insolvenzrecht zu einer erheblichen Beeinträchtigung des Neutralitätsgedankens. Die Bedenken gegenüber ausländischen Insolvenzverfahren sollten auf der Ebene der Verfahrensanerkennung abschließend abgelegt werden. Anerkannte Verfahren dürfen nicht in der Weise stigmatisiert werden, wie die Formulierung der Kommission dies erkennen läßt.

---

[445] Vgl. die Darstellung bei der Kommentierung der EuInsVO oben unter § 5 II 1 a) bb).

§ 24 Vorschläge

I. Europäisches Insolvenzrecht

1. Vorbemerkung

Die Prüfung der EuInsVO hat sich auf die Behandlung von Sicherungsrechten in der Insolvenz beschränkt. Die Formulierungsvorschläge werden sich daher nur auf solche Normen beziehen, die die Behandlung von Sicherungsrechten regeln oder sich mittelbar auf Sicherungsrechte auswirken, wie die Prüfung dargestellt hat. Letzteres gilt insbesondere für Normen zum Sekundärinsolvenzverfahren.

Eine Aussage über die Zweckmäßigkeit der anderen Normen der EuInsVO soll dadurch nicht getroffen werden.

2. Art. 3 Abs. 2 EuInsVO NEU:

"Hat der Schuldner den Mittelpunkt seiner hauptsächlichen Interessen im Gebiet eines Vertragsstaats, so sind die Gerichte eines anderen Vertragsstaats nur dann zur Eröffnung eines Insolvenzverfahrens befugt, wenn der Schuldner Vermögen im Gebiet dieses anderen Vertragsstaats hat. Die Wirkungen dieses Verfahrens sind auf das im Gebiet dieses letzteren Vertragsstaats belegene Vermögen des Schuldners beschränkt. Verfahren nach Satz 1 sind nur dann statthaft, wenn bereits ein Verfahren nach Abs. 1 eröffnet ist."

Erläuterung: Die Möglichkeit der Eröffnung von Sekundärverfahren am Ort der Belegenheit von Vermögen ist eine Folge der Kritik am Niederlassungserfordernis.[446] Satz 3 führt zu einem Verbot von isolierten Partikularinsolvenzverfahren.[447]

3. Art. 3 Abs. 4 EuInsVO:

Art. 3 Abs. 4 EuInsVO entfällt.

Erläuterung: Dies ist eine Folge der Änderung von Art. 3 Abs. 2 EuInsVO.

---

[446] Vgl. oben unter § 21 I 2 b).
[447] Vgl. oben unter § 20 I 2.

4. Art. 4 Abs. 2, Satz 2, Buchst. f) EuInsVO NEU:

"wie sich die Eröffnung eines Insolvenzverfahrens auf Rechtsverfolgungsmaßnahmen einzelner Gläubiger auswirkt; die Anknüpfung erfolgt nicht differenziert nach Gläubigergruppen; ausgenommen sind die Wirkungen auf anhängige Rechtsstreitigkeiten;"

Erläuterung: Die Ergänzung dient der Klarstellung, dass die Beschränkung von Einzelzwangsvollstreckungsmaßnahmen auch bei gesicherten Gläubigern nach der lex fori concursus erfolgt.[448]

5. Art. 5 EuInsVO NEU:

Art. 5 Abs. 1: "Für die Verwertung eines dinglichen Rechts eines Gläubigers oder eines Dritten an körperlichen oder unkörperlichen, beweglichen oder unbeweglichen Gegenständen des Schuldners - sowohl an bestimmten Gegenständen als auch an einer Mehrheit von nicht bestimmten Gegenständen mit wechselnder Zusammensetzung -, die sich zum Zeitpunkt der Eröffnung des Insolvenzverfahrens im Gebiet eines anderen Vertragsstaats befinden, gilt das Insolvenzrecht des Staats der Verfahrenseröffnung. Für die Verteilungseingriffe in die in Satz 1 beschriebenen Rechte gilt das Schutzstatut, von dem der Eingriff ausgeht, wobei nur solche Eingriffe zulässig sind, die auch das Recht des Staates zulässt, in dem das Recht des Gläubigers belegen ist." Art. 5 Abs. 2, 3 und 4 bleiben unverändert.

Erläuterung: Die Neuformulierung dieser Regelung entspricht dem Ziel, in Verwertungs- und Verteilungsfragen unterschiedlich anzuknüpfen. Die Geltung der lex fori concursus im Verwertungsrecht und die Geltung des Schutzstatuts, beschränkt durch das Belegenheitsstatut, im Verteilungsrecht entsprechen den Ergebnissen der Prüfung an den Prinzipien des deutschen Insolvenzrechts.[449]

6. Art. 7 EuInsVO NEU:

Art. 7 Abs. 1: "Bei Eröffnung eines Insolvenzverfahrens gegen den Käufer einer Sache werden die Rechte des Verkäufers aus einem Eigentumsvorbehalt wie ein dingliches Recht gemäß Art. 5 Abs. 1 behandelt." Art. 7 Abs. 2 und 3 bleiben unverändert.

---

[448] Vgl. oben unter § 22 IV 1.
[449] Vgl. oben unter § 20.

Erläuterung: Der Eigentumsvorbehalt ist bei der Insolvenz des Vorbehaltskäufers nicht anders zu behandeln als andere Sicherungsrechte. Daher ist ein Verweis auf Art. 5 Abs. 1 EuInsVO hier ausreichend.

7. Art. 29 EuInsVO NEU:

Art. 29 Abs. 1: "Die Eröffnung eines Sekundärinsolvenzverfahrens kann jede Person oder Stelle beantragen, der das Antragsrecht nach dem Recht des Vertragsstaats zusteht, in dessen Gebiet das Sekundärinsolvenzverfahren eröffnet werden soll."

Erläuterung: Im Interesse eines der Gläubigerautonomie verpflichteten Insolvenzverfahrens bedarf es keines Antragsrechts des Verwalters im Hauptinsolvenzverfahrens.

Art. 29 Abs. 2: "Die Eröffnung eines Sekundärinsolvenzverfahrens bedarf der Zustimmung der Gläubigerversammlung des Hauptinsolvenzverfahrens."

Erläuterung: Um Neutralität zu gewährleisten, müssen die Interessen der Gläubiger im Hauptinsolvenzverfahren im Zweifel denen der Gläubiger im Sekundärinsolvenzverfahren vorgehen. Nur durch den Einfluss der Gläubigerversammlung des Hauptinsolvenzverfahrens auf die Verfahrenseröffnung kann ggf. das Schuldnervermögen als Ganzes verwertet werden.[450]

8. Art. 33 EuInsVO NEU:

Art. 33 Abs. 1: "Das Gericht, welches das Sekundärinsolvenzverfahren eröffnet hat, setzt auf Antrag der Gläubigerversammlung des Hauptinsolvenzverfahrens die Verwertung entsprechend des Antrags ganz oder teilweise aus und hebt diese Aussetzung auf Antrag der Gläubigerversammlung des Hauptinsolvenzverfahrens auf."

Erläuterung: Neben dem Recht der Gläubigerversammlung des Hauptinsolvenzverfahrens, die Eröffnung von Sekundärinsolvenzverfahren zu verhindern, muss es auch Möglichkeiten geben, in die Verwertung in bereits eröffneten Sekundärinsolvenzverfahren einzugreifen. Indem man das Recht, die Verwertung auszusetzen, der Gläubigerversammlung und nicht dem Verwalter im Hauptinsolvenzverfahren zuspricht, bedarf es nicht der Prüfung des Antrags an den Interessen der Gläubiger im Hauptinsolvenzverfahren. Auch die Aufhebung muss allein den Interessen der Gläubiger im Hauptinsolvenzverfahren folgen, da

---

[450] Vgl. oben unter § 21 I 2 a).

ansonsten eine Gläubigergruppe die Interessen der Gläubiger des Hauptinsolvenzverfahrens vereiteln kann.[451]

Art. 33 Abs. 2: "Das Gericht, welches das Sekundärinsolvenzverfahren eröffnet hat, beschränkt auf Antrag der Gläubigerversammlung des Hauptinsolvenzverfahrens die Einzelzwangsvollstreckung in Gegenstände, die zur Masse des Sekundärinsolvenzverfahrens gehören, soweit eine solche Beschränkung im Hauptinsolvenzverfahren zulässig wäre."

Erläuterung: Die Eröffnung eines Sekundärinsolvenzverfahrens darf nicht dazu führen, dass Einzelzwangsvollstreckungsmaßnahmen im stärkeren Umfang als im Hauptinsolvenzverfahren zulässig sind. Dies würde die Verwertungsoptionen der Gläubiger im Hauptinsolvenzverfahren einschränken.[452]

9. Art. 34 EuInsVO NEU:

Art. 34 Abs. 1 bleibt unverändert. Art. 34 Abs. 2: "Jede Beschränkung der Rechte der Gläubiger, wie zum Beispiel eine Stundung oder eine Schuldbefreiung, die sich aus einer in einem Sekundärinsolvenzverfahren vorgeschlagenen Maßnahme im Sinne von Abs. 1 ergibt, kann nur dann Auswirkungen auf das nicht von diesem Verfahren betroffene Vermögen des Schuldners haben, wenn die jeweils betroffenen Gläubiger der Maßnahme zustimmen oder die Zustimmung der jeweiligen Gläubiger bei einer entsprechenden Maßnahme im Hauptinsolvenzverfahren nicht notwendig wäre." Der bisherige Art. 34 Abs. 3 entfällt. Er enthält folgenden neuen Inhalt: "Auf Antrag der Gläubigerversammlung des Hauptinsolvenzverfahrens hat das Gericht, welches das Sekundärverfahren eröffnet hat, das Sekundärinsolvenzverfahren zu beenden."

Erläuterung: Die Änderung in Art. 34 Abs. 2 soll gewährleisten, dass mit der Verhinderung von Sanierungsentscheidungen im Sekundärinsolvenzverfahren nicht ein ggf. bestehendes Obstruktionsverbot im Hauptinsolvenzverfahren umgangen wird.[453] Der bisherige Art. 34 Abs. 3 ist nicht notwendig. Durch den neuen Abs. 3 wird erreicht, dass die Gläubigerversammlung des Hauptinsolvenzverfahrens nicht nur über die Eröffnung oder die Verwertung, sondern auch über die Beendigung von Sekundärinsolvenzverfahren entscheiden kann. So kann auch erreicht werden, dass ein Sanierungsplan des Hauptinsolvenzverfahrens das

---

451 Vgl. oben unter § 21 I 2 a).
452 Vgl. oben unter § 22 IV 2 a).
453 Vgl. oben unter § 21 I 2 a).

ursprünglich dem Sekundärinsolvenzverfahren unterliegende Vermögen einschließt.

II. Deutsches Internationales Insolvenzrecht

1. Vorbemerkung

Die Regelungen eines Europäischen Insolvenzrechts sind nicht unverändert in das deutsche Internationale Insolvenzrecht zu übernehmen.[454] Im folgenden sollen auf Grundlage der Regelungen des Internationalen Insolvenzrechts im Regierungsentwurf zur Insolvenzordnung Formulierungsvorschläge gemacht werden, die den hier beschriebenen Vorstellungen gerecht werden.

2. § 383 Abs. 3 RegE InsO NEU:

§ 383 Abs. 3 lautet: "Beschränkungen der Einzelzwangsvollstreckung in die Insolvenzmasse unterliegen dem Recht des Staates, in dem das Verfahren eröffnet ist."

Erläuterung: Die Kollisionsnorm stellt klar, dass die lex fori concursus auch für Beschränkungen der Einzelzwangsvollstreckung gilt, was in der deutschen Literatur zumindest für gesicherte Gläubiger streitig ist.

3. § 383 a RegE InsO NEU:

§ 383 a lautet: "Verteilungseingriffe in das Recht eines Dritten an einem Gegenstand der Insolvenzmasse bestimmen sich nach dem Schutzstatut, von dem der Eingriff ausgeht, wobei nur solche Eingriffe zulässig sind, die auch das Recht des Staates zulässt, in dem das Recht des Dritten belegen ist."

Erläuterung: Diese Norm steht in Verbindung mit der Regelung in § 379 RegE InsO. Danach gilt die lex fori concursus, soweit nichts anders bestimmt ist. Für Verwertungsfragen bedarf es somit keiner weiteren Regelung. Für Verteilungseingriffe bedarf es einer Regelung, die Art. 5 Abs. 1, Satz 2 EuInsVO NEU entspricht.

4. § 384 a RegE InsO NEU:

§ 384 a Abs. 1 lautet: "Die Eröffnung eines Insolvenzverfahrens im Ausland über das in diesem Staat belegene Vermögen des Schuldners (Sekundärinsolvenz-

---

[454] Vgl. oben unter § 23 II, III.

verfahren) bedarf der Zustimmung der Gläubigerversammlung des im Inland eröffneten Insolvenzverfahrens über das gesamte Vermögen des Schuldners (Hauptinsolvenzverfahren)." § 384 a Abs. 2 lautet: "Die Verwertung von Vermögensgegenständen des Schuldners im Sekundärinsolvenzverfahren ist auf Antrag der Gläubigerversammlung des Hauptinsolvenzverfahrens von dem ausländischen Gericht auszusetzen, das das Sekundärinsolvenzverfahren eröffnet hat." § 384 a Abs. 3 lautet: "Eine Beschränkung von Einzelzwangsvollstreckungsmaßnahmen im Sekundärinsolvenzverfahren ist auf Antrag der Gläubigerversammlung des Hauptinsolvenzverfahrens von dem ausländischen Gericht auszusetzen, das das Sekundärinsolvenzverfahren eröffnet hat, soweit eine solche Beschränkung nach deutschem Recht zulässig wäre."

Erläuterung: Diese Normen entsprechen Art. 29 Abs. 2 EuInsVO NEU und Art. 33 EuInsVO NEU. Ihre Geltung hängt von der Anerkennung durch das Recht des anderen Staates ab. Den umgekehrten Fall, nämlich die Einschränkung der Eröffnung von Sekundärinsolvenzverfahren in Deutschland, regelt § 396 RegE InsO NEU. Abs. 3 muß für Sekundärverfahren in Deutschland nicht entsprechend normiert werden, da das deutsche Insolvenzsachrecht dem genügt.

5. § 390 RegE InsO:

§ 390 RegE InsO entfällt.

Erläuterung: Angesichts der Regelungen in § 379 RegE InsO und § 383 a RegE InsO NEU kann auf eine einseitige Kollisionsnorm verzichtet werden.

6. § 393 RegE InsO NEU:

§ 393 Abs. 1 lautet: "Ist im Ausland bereits ein Hauptinsolvenzverfahren eröffnet worden und hat der Schuldner im Inland eine Niederlassung oder sonstiges Vermögen, so ist nur ein Sekundärinsolvenzverfahren über das inländische Vermögen des Schuldners zulässig." § 393 Abs. 2 bleibt unverändert.

Erläuterung: Die Änderung in § 393 Abs. 1 führt zum Ausschluss von Partikularinsolvenzverfahren, ermöglicht jedoch Sekundärinsolvenzverfahren, was den Ausschluss von Vermögensgegenständen verhindert.[455]

---

[455] Vgl. oben unter § 20 I 2, § 21 I 2 b).

7. § 394 RegE InsO NEU:

§ 394 Abs. 1 bleibt unverändert. § 394 Abs. 2 lautet: "Ein Insolvenzplan, in dem eine Stundung, ein Erlass oder sonstige Einschränkungen der Rechte der Gläubiger vorgesehen sind, kann in diesem Verfahren nur bestätigt werden, wenn alle betroffenen Gläubiger dem Plan zugestimmt haben oder die Zustimmung des jeweiligen Gläubigers bei einer entsprechenden Maßnahme im Hauptinsolvenzverfahren nicht notwendig wäre."

Erläuterung: Diese Änderung entspricht Art. 34 Abs. 2 EuInsVO NEU.

8. § 395 RegE InsO:

§ 395 RegE InsO entfällt.

Erläuterung: Wie bereits in der Erläuterung zu § 393 RegE InsO NEU erwähnt, sollen nur Sekundärinsolvenzverfahren zulässig sein. Dies ist durch § 393 RegE InsO NEU bereits erreicht.

9. § 396 RegE InsO NEU:

§ 396 Abs. 1 lautet: "Das Recht, die Eröffnung eines Sekundärinsolvenzverfahrens zu beantragen, richtet sich nach den allgemeinen Regelungen der Insolvenzordnung." § 396 Abs. 2 lautet: "Die Eröffnung von Sekundärinsolvenzverfahren bedarf der Zustimmung des Insolvenzverwalters des ausländischen Hauptinsolvenzverfahrens. Beschränkungen über die Eröffnung und Wirkung von Sekundärinsolvenzverfahren im Inland durch das Recht des Staates, in dem das Hauptinsolvenzverfahren eröffnet wurde, sind anzuerkennen. Die Sätze 1 und 2 kommen nicht zur Anwendung, wenn dadurch die Prinzipien des deutschen Insolvenzrechts verletzt werden." § 396 Abs. 3 bleibt unverändert.

Erläuterung: Diese Normen sind das Gegenstück zu § 384 a RegE InsO NEU. Sie entsprechen Art. 29 Abs. 2 EuInsVO NEU und Art. 33 EuInsVO NEU. Folge von Abs. 1 ist, dass nur Gläubiger Antragsrecht besitzen. Durch Abs. 2 wird dem Recht des Staates, in dem das Hauptinsolvenzverfahren eröffnet wurde, gewährt, einschränkend in die Eröffnung von Sekundärverfahren in Deutschland sowie in die Verwertung einzugreifen. Satz 3 sichert die Gewährleistung der Prinzipien des deutschen Insolvenzrechts, insbesondere die Verhinderung von Eingriffen in Sicherungsrechte im Insolvenzverteilungsrecht. In diesen Fällen kann dann jeweils ein Sekundärverfahren ohne jede weitere Zustimmung eröffnet werden.

Teil VI: Schluss

§ 25 Zusammenfassung, Bewertung, Ausblick

I. Zusammenfassung

1. Das Internationale Insolvenzrecht hat die Aufgabe, die Regelungsziele des Insolvenzrechts in Insolvenzsachverhalten mit Auslandsbezug zu verwirklichen.

2. Das deutsche Insolvenzrecht folgt im Kern den folgenden Prinzipien. Die Absicht des Gesetzgebers, eine Restschuldbefreiungsmöglichkeit zu eröffnen, bleibt hier unberücksichtigt.

a) Die Neutralität des Rechts soll marktkonforme Entscheidungen der Gläubiger zwischen der Liquidation oder der Fortführung des Unternehmens ermöglichen. Das Gesetz soll keine dieser beiden Verwertungsmöglichkeiten vorgeben oder bevorzugen, muss jedoch dort Eingriffe vornehmen, wo die Neutralität sonst gefährdet ist.

b) Die Gläubigergleichbehandlung beschränkt sich auf die Gleichbehandlung ungesicherter Gläubiger, die gleiche Einbeziehbarkeit von Forderungen im Insolvenzverwertungsrecht und die Gleichbehandlung sich entsprechender Forderungen unabhängig von ihrer Belegenheit im In- oder Ausland.

c) Das Nichteingreifen in Sicherungsrechte im Insolvenzverteilungsrecht dient dem Schutz des Kreditverkehrs. Sich aus Marktpositionen ergebene Sicherungsrechte sollen gerade in der Insolvenz des Schuldners nicht gekürzt werden, da sie letztlich für diesen Fall vereinbart wurden.

3. Eine Trennung der Anknüpfung von Verwertungs- und Verteilungsfragen ist zweckmäßig, da diese Sachverhalte auch außerhalb der Insolvenz getrennt behandelt werden. Das Gegensatzpaar lautet dort Investition und Finanzierung. Diese Trennung in der Insolvenz aufzugeben, wäre willkürlich. Ferner ist eine Abgrenzung der Regelungsbereiche möglich.

4. Art. 5 Abs. 1 EuInsVO schirmt dingliche Rechte an im Ausland belegenen Gegenständen vollständig von den Wirkungen des Insolvenzverfahrens ab. Gleiches gilt gemäß Art. 7 Abs. 1 EuInsVO auch für den Eigentumsvorbehalt bei der Insolvenz des Käufers. Eine Einbeziehung ist weder über die lex fori concursus noch die lex rei sitae oder eine Kumulationslösung möglich.

5. Eine Einbeziehung von im Ausland belegenen Sicherungsrechten ist nur durch die Eröffnung eines Sekundärinsolvenzverfahrens möglich. Das Niederlassungserfordernis gemäß Art. 3 Abs. 2 EuInsVO führt jedoch zur Nichteinbeziehbarkeit von einigen Vermögensgegenständen, die mit Sicherungsrechten belastet sind.

6. Art. 5 Abs. 1 EuInsVO und Art. 7 Abs. 1 EuInsVO widersprechen im Kern den Prinzipien des deutschen Insolvenzrechts.

a) Die Neutralität des Rechts wird durch das Niederlassungserfordernis aus Art. 3 Abs. 2 EuInsVO, die mangelhafte Regelung über die Aussetzung der Verwertung in Art. 33 EuInsVO und das fehlende Obstruktionsverbot in Art. 34 Abs. 2 EuInsVO beeinträchtigt. Die EuInsVO erlangt damit eine Tendenz zur Liquidation des Schuldnervermögens.

b) Die gleichzeitige Geltung von Art. 5 Abs. 1 EuInsVO bzw. Art. 7 Abs. 1 EuInsVO und des Niederlassungserfordernis in Art. 3 Abs. 2 EuInsVO führen zur Ungleichbehandlung in- und ausländischer Gläubiger.

c) Art. 5 Abs. 1 und Art. 7 Abs. 1 EuInsVO führen zum Schutz von Sicherungsrechten vor Eingriffen im Insolvenzverteilungsrecht. Diese Regelungen sind jedoch nicht notwendig, um das beschriebene Ziel zu verwirklichen.

7. Auch bereits existierende alternative Lösungsansätze in anderen Rechtsordnungen, Übereinkommen oder Modellgesetzen können nicht die Prinzipien des deutschen Rechts in Sachverhalten mit Auslandsberührung zur Anwendung bringen.

a) Der in Deutschland bestehende Streit über Anwendung der lex fori concursus oder der lex rei sitae auf im Ausland belegene Sicherungsrechte greift zu kurz, da beide Anknüpfungen nicht zur völligen Gewährleistung der Prinzipien des deutschen Insolvenzrechts führen. Die Geltung der lex fori concursus kann insbesondere den Nichteingriff in Sicherungsrechte im Insolvenzverteilungsrecht beeinträchtigen, die Geltung der lex rei sitae beeinträchtigt die Gleichbehandlung in- und ausländischer Gläubiger sowie die Neutralität.

b) Die Einbeziehung von in den USA oder der Schweiz belegenen Sicherungsrechten durch verschiedene Hilfsverfahren ermöglicht differenzierte Lösungsalternativen. Trotzdem führt die einseitige Orientierung am Schutz nationaler Interessen zu Einschränkungen der Gleichbehandlung in- und ausländischer Gläubiger und der Neutralität. Umgekehrt sind für in den USA oder der Schweiz eröffnete Verfahren keine entsprechenden Vorbehalte vorhanden.

c) Das englische Recht zeichnet sich ähnlich dem US-amerikanischen Recht durch flexible und am Einzelfall ausgerichtete Lösungen aus, ohne dass, wie in den USA, auf regulierte, national geprägte Hilfsverfahren zurückgegriffen wird. Ähnlich dem deutschen Recht kommt es jedoch zu einem Konflikt zwischen der Gewährleistung der Gleichbehandlung in- und ausländischer Gläubiger und der Neutralität einerseits und des Nichteingriffs in Sicherungsrechte im Insolvenzverteilungsrecht andererseits.

d) Das gläubigerkritische Insolvenzrecht von Frankreich kann insbesondere nicht sicherstellen, dass es nicht zu Eingriffen in Sicherungsrechte im Insolvenzverteilungsrecht kommt.

e) Die territorial geprägten Insolvenzrechtsordnungen von Italien, Spanien und Japan führen zu einer Ungleichbehandlung in- und ausländischer Gläubiger und damit auch zu einer Beschränkung der Neutralität.

f) Die Deutsch-schweizerischen Verträge, der Deutsch-österreichische Konkursvertrag und das Istanbuler Übereinkommen des Europarats können aufgrund der Geltung der lex rei sitae für Sicherungsrechte bzw. deren Nichteinbeziehung im Istanbuler Übereinkommen nicht die Gleichbehandlung in- und ausländischer Gläubiger gewährleisten. Ausdrücklich positiv zu bewerten sind jedoch die Verteilungsregelungen des Deutsch-österreichischen Konkursvertrags. Das UNCITRAL-Modellgesetz kann eine Gleichbehandlung und Neutralität nur sehr begrenzt herstellen.

8. Bei Geltung der lex fori concursus im Insolvenzverwertungsrecht und des Schutzstatuts im Insolvenzverteilungsrecht, wobei nur solche Eingriffe in das Verteilungsrecht zulässig sind, die auch das Belegenheitsstatut zulässt, sind die Prinzipien des deutschen Rechts in Sachverhalten mit Auslandsberührung gewährleistet.

a) Die Geltung der lex fori concursus im Insolvenzverwertungsrecht führt zur Gleichbehandlung in- und ausländischer Gläubiger und zur Gewährung von Neutralität.

b) Die Geltung des Schutzstatuts, eingeschränkt auf Eingriffe, die auch das Belegenheitsstatut zulässt, im Insolvenzverteilungsrecht ist zweckmäßig und gewährleistet den Nichteingriff in Sicherungsrechte im Insolvenzverteilungsrecht.

9. Partikularinsolvenzverfahren behindern insbesondere die Neutralität. Sie sind abzulehnen. Dagegen sind Sekundärinsolvenzverfahren als Erweiterung der Verwertungsoptionen zu begrüßen. Um die Gleichbehandlung in- und ausländischer Gläubiger und die Neutralität zu gewährleisten, ist jedoch die Ausgestaltung des Verhältnisses zwischen Haupt- und Sekundärinsolvenzverfahren von großer Bedeutung.

a) Die Eröffnung von Sekundärinsolvenzverfahren sollte der Zustimmung der Gläubigerversammlung des Hauptinsolvenzverfahrens bedürfen.

b) Ebenso sollten die Gläubiger des Hauptinsolvenzverfahrens Einfluss auf die Verwertung und Einzelzwangsvollstreckung im Sekundärinsolvenzverfahren nehmen können.

c) Darüberhinaus sind gegenseitig umfangreiche Auskunfts- und Beteiligungsrechte zu gewähren.

10. Beschränkungen der Einzelzwangsvollstreckung im Insolvenzverfahren müssen entsprechend ihrer Zuordnung zum Verwertungsrecht der lex fori concursus unterliegen. Dies gilt auch für Einzelzwangsvollstreckungsmaßnahmen gesicherter Gläubiger, was zur Folge hat, dass §§ 166 ff. InsO, §§ 30d, 153b ZVG auch auf im Ausland belegene Gegenstände Anwendung finden.

11. Die Regelungen der EuInsVO lassen sich nur beschränkt auf das Verhältnis zu Staaten ausserhalb der EU übertragen. Das deutsche Internationale Insolvenzrecht sollte daher neben der EuInsVO auch allgemeine Regelungen für Insolvenzverfahren mit Auslandsberührung besitzen. Diese würden hinter den spezielleren Regelungen der EuInsVO zurücktreten.

II. Bewertung

Im Internationalen Insolvenzrecht wurden trotz der Schwierigkeiten mit bisherigen Lösungen noch nicht alle Möglichkeiten genutzt, um Insolvenzverfahren mit Auslandsberührung zu regeln. Die Darstellung am Beispiel der Behandlung von Sicherungsrechten in der Insolvenz hat gezeigt, dass die Lösung der EuInsVO hinter die Ansätze manches nationalen Internationalen Insolvenzrechts oder Übereinkommens zurückfällt. Dies enttäuscht um so mehr, als dass die gegen andere Lösungen vorgebrachten Bedenken vor allem bezüglich des inländischen Kreditverkehrs nicht übergangen werden müssen, ohne dass doch ein den internationalen Herausforderungen gerechtes Internationales Insolvenzrecht möglich ist.

Der deutsche Gesetzgeber hat mit der Insolvenzordnung ein an international üblichen Prinzipien ausgerichtetes modernes Recht geschaffen, auch wenn einzelne Regelungen im Detail diesen Anforderungen nicht gerecht werden mögen. Die EuInsVO ist mit diesen Prinzipien nicht zu vereinbaren. Die Zeichnung des Europäischen Insolvenzübereinkommens durch Deutschland 1995 sowie die Förderung einer gleichlautender EG-Verordnung durch Deutschland 1999/2000 können daher rechtswissenschaftlich nicht nachvollzogen werden.

Die unterbliebene Zeichnung des Europäischen Insolvenzübereinkommens durch Großbritannien hätte zum Umdenken genutzt werden können. Trotz der Bedenken in der Literatur am Übereinkommen[456] wurde jedoch die EG-Verordnung ohne Veränderung vorgelegt und erlassen.

III. Ausblick

Nach dem Erlass der Verordnung ist zu erwarten, dass die EuInsVO in der vorliegenden Fassung am 31.5.2002 in Kraft treten wird. Sollten keine Änderungen mehr erfolgen, so sollte nach ersten Erfahrungen der Praxis eine Überarbeitung der Verordnung vorgenommen werden.

Die Prinzipien des deutschen Insolvenzrechts, die auch in anderen neueren Insolvenzrechtsordnungen üblich sind, sollten Maßstab einer solchen Revision sein. Vorschläge dazu werden in dieser Arbeit gemacht.

Für ein Inkrafttreten und eine anschließende Überarbeitung gab es bereits entsprechende Stimmen[457] zum EuInsÜ, was damit begründet wurde, dass nach jahrzehntelanger Diskussion nun eine Normierung erfolgen sollte.

Es bleiben jedoch Zweifel, ob die vorliegende Verordnung tatsächlich die Probleme in grenzüberschreitenden Insolvenzsachverhalten angemessen lösen kann.

---

[456] Vgl. nur *Stoll (Hrsg.)*, Vorschläge und Gutachten zur Umsetzung des EU-Übereinkommens über Insolvenzverfahren im deutschen Recht, 1997.

[457] *Trunk* (oben Fn. 1), S. 443. Er sprach sich für eine Ratifikation des EuInsÜ und eine anschließende Teilrevision aus.

Literaturverzeichnis

Aderhold, Eltje — Auslandskonkurs im Inland, Diss. Bonn, Berlin 1992

Adomeit, Klaus, Frühbeck, Guillermo — Einführung in das spanische Recht, München 1993

Amonn, Kurt — Grundriss des Schuldbetreibungs- und Konkursrechts, 4. A., Bern 1988

Arnold, Hans — Der deutsch-österreichische Konkursvertrag, Köln 1987

Baird, Douglas G. — Loss Distribution, Forum Shopping, and Bankruptcy: A Reply to Warren, 54 The University of Chicago Law Review 815 (1987)

ders. — A World Without Bankruptcy, 50 Law and Contemporary Problems 173 (1987)

ders. — Bankruptcy's Uncontested Axioms, 108 The Yale Law Journal 573 (1998)

Baird, Douglas G., Jackson, Thomas — Corporate Reorganizations and the treatment of Diverse Ownership Interests: A Comment on Adequate Protection of Secured Creditors in Bankruptcy, 51 The University of Chicago Law Review 97 (1984)

Balz, Manfred — Das neue Europäische Insolvenzübereinkommen, ZIP 1996, 948

ders. — Die Ziele der Insolvenzordnung, in: Kölner Schrift zur Insolvenzordnung, Das neue Insolvenzrecht in der Praxis, 2. A., Herne u.a. 2000, S. 3-22

ders. — The European Union, IIR 1995 (Special Conference Issue), 60

ders. — The European Union Convention on Insolvency Proceedings, American Bankruptcy Law Journal 1996, 485

von Bar, Christian	Internationales Privatrecht, Zweiter Band, Besonderer Teil, München 1991
Baur, Fritz, Stürner, Rolf	Zwangsvollstreckungs-, Konkurs- und Vergleichsrecht, Band II, Insolvenzrecht, 12. A., Heidelberg 1990
Benning, Olaf, Wehling, Axel	Das "Model Law on Cross-Border Insolvency" der Vereinten Nationen, EuZW 1997, 618
Blaschczok, Christine	Die schweizerisch-deutschen Staatsverträge auf dem Gebiet des Insolvenzrechts, ZIP 1983, 141
Blom-Cooper, Louis Jacques	Bankruptcy in Private International Law, Diss. Amsterdam, London 1954
Böckenhoff, J.	Der Eigentumsvorbehalt im französischen Unternehmenssanierungsgesetz, Diss. Bielefeld, 1994
Bogdan, Michael	The EU Bankruptcy Convention, IIR 1997, 114
Braun, Eberhard	Das Obstruktionsverbot in der Praxis, Ein überzeugender Start, NZI 1999, 473
Braun, Eberhard, Uhlenbruck, Wilhelm	Unternehmensinsolvenz, Grundlagen, Gestaltungsmöglichkeiten, Sanierung mit der Insolvenzordnung, Düsseldorf 1997
Breitenstein, Stefan	Internationales Insolvenzrecht der Schweiz und der Vereinigten Staaten, Diss. Zürich, Zürich 1990
Brönnimann, Jürgen	Zur Revision des Schweizer Schuldbetreibungs- und Konkursrechts, ZZPInt 2 (1997), 199
Buchner, Herbert	Zur internationalen Zuständigkeit des Konkursverwalters, speziell im deutsch-schweizerischen Verhältnis, ZIP 1985, 1114
Burgio, Manfredi	Cross Border Insolvency - an Italian Approach, IIR 1999, 39
BMJ (Hrsg.)	Erster Bericht der Kommission für Insolvenzrecht, Köln 1985

ders. Referentenentwurf Gesetz zur Reform des Insolvenzrechts, Köln 1989

ders. Referentenentwurf Einführungsgesetz zum Gesetz zur Reform des Insolvenzrechts, Köln 1990

Cork, Sir Kenneth Insolvenzrechtsreform in England - Erläuterungen zum Cork-Report, ZIP 1982, 1275

Dawson, Kate Assistance under Section 426 of the Insolvency act 1986, IIR 1999, 109

Deutscher Anwaltverein Stellungnahme des Insolvenzrechtsausschusses des Deutschen Anwaltvereins e.V. zum Entwurf eines Europäischen Übereinkommens über den Konkurs (EuR-Entwurf 1988), Bonn 1988

Dicey/Morris The Conflict of Laws, Hrsg.: Lawrence Collins, 12. A., London 1993

Dorndorf, Eberhard Zur Dogmatik des Verfahrenszwecks in einem marktadäquaten Insolvenzrecht, Festschrift für Franz Merz, Köln 1992, S. 31-47

Dorndorf, Eberhard, Frank, Jürgen Reform des Rechts der Mobiliarsicherheiten - unter besonderer Berücksichtigung der ökonomischen Analyse der Sicherungsrechte, ZIP 1985, 65

Dostal, Boris Französisches internationales Insolvenzrecht, ZIP 1998, 969

Drobnig, Ulrich Bemerkungen zur Behandlung der Rechte Dritter, insbesondere von Sicherungsrechten (Artt. 3, 3a, 17, 17a VE), in: Stellungnahmen und Gutachten zur Reform des deutschen Internationalen Insolvenzrecht, Materialien zum ausländischen und internationalen Privatrecht 35, Tübingen 1992, S. 177-182

ders. Secured Credit in International Insolvency Proceedings, 33 Texas International Law Journal 53 (1998) ders. Security Rights in Cross-Border Insolvencies, in: Cross-Border Insolvency: Comparative Dimensions, The Aberystwyth Insolvency Papers, Hrsg.: Ian F. Fletcher, London 1990, S. 216-219

Ebenroth, Carsten Thomas Die Inlandswirkungen der ausländischen lex fori concursus bei Insolvenz einer Gesellschaft, ZZP 101 (1988), 121

Eidenmüller, Horst Kommentar, in: Jahrbuch für Neue Politische Ökonomie, Hrsg.: Karl-Ernst Schenk, Dieter Schmidtchen, Manfred E. Streit, Viktor Vanberg, 18. Band, Globalisierung und Rechtsordnung: Zur Neuen Institionenökonomik internationaler Transaktionen, Tübingen 1999, S. 81-94

ders. Unternehmenssanierung zwischen Markt und Gesetz, Mechanismen der Unternehmensreorganisation und Kooperationspflichten im Reorganisationsrecht, Köln 1999

Engelhard, Hans A. Politische Akzente einer Insolvenzrechtsreform, ZIP 1986, 1287

Esplugues, Carlos Das System der internationalen Zuständigkeit im Insolvenzrecht in Spanien und die Reformperspektiven angesichts des Brüsseler Abkommens vom 23. November 1995 über Insolvenzverfahren, ZZPInt 2 (1997), 69

Favoccia, Daniela Vertragliche Mobiliarsicherheiten im internationalen Insolvenzrecht, Diss. Freiburg i. Br., Köln u.a. 1991

Fidler, Peter A Small Step Forward? The Draft EU Bankruptcy Convention, JIBL 1996, 3

Fink, Alfred W. Die Behandlung der Auslandsinsolvenz in Deutschland und Frankreich, Anerkennungen und Rechtswirkungen, Diss. Bonn, Bonn 1993

Flessner, Axel	Das künftige internationale Insolvenzrecht im Verhältnis zum Europäischen Insolvenzübereinkommen. Anwendbares Recht, Reichweite der Anerkennung, Insolvenzplan und Schuldbefreiung, in: Vorschläge und Gutachten zur Umsetzung des EU-Übereinkommens über Insolvenzverfahren im deutschen Recht, Materialien zum ausländischen und internationalen Privatrecht 40, Hrsg.: Hans Stoll, Tübingen 1997, S. 219-231
ders.	Dingliche Sicherungsrechte nach dem Europäischen Insolvenzübereinkommen, in: Festschrift für Ulrich Drobnig zum siebzigsten Geburtstag, Hrsg.: Basedow, Jürgen, Hopt, Klaus J., Kötz, Hein, Tübingen 1998, S. 277-287
ders.	Internationales Insolvenzrecht in Deutschland nach der Reform, IPRax 1997, 1
Fletcher, Ian F.	General Report, in: Cross-Border Insolvency: National and Comparative studies, Materialien zum ausländischen und internationalen Privatrecht 36, Tübingen 1992, S. 269-303
ders.	The European Union Convention on Insolvency Proceedings: Choice-of-Law Provisions, 33 Texas International Law Journal 119 (1998)
ders.	The Istanbul Convention and the Draft EEC Convention, in: FS für Hans Hanisch, Köln u.a. 1994, S. 89-107
ders.	The Law Of Insolvency, 2nd ed., London 1996
Florian, Matthias	Das englische internationale Insolvenzrecht, Diss. Münster, Heidelberg 1989
Frankfurter Kommentar	Frankfurter Kommentar zur Insolvenzordnung, Hrsg.: Klaus Wimmer, 2. A., Neuwied u.a. 1999
Fricke, Martin	Die Anerkennung ausländischer Urteile in Frankreich nach autonomem Recht, IPRax 1989, 202
Funke, Rainer	Das Übereinkommen über Insolvenzverfahren, InVo 1996, 170

Garrido, José M. Some Reflections on the EU Bankruptcy Convention and its Implications for Secured and Preferential Creditors, IIR 1998, 79

Geimer, Reinhold Internationales Zivilprozeßrecht, 3. A., Köln 1997

Glosband, Daniel United States of America, IIR 1995 (Special Conference Issue), 43

Göpfert, Burkhard In re Maxwell Communications - ein Beispiel einer "koordinierten" Insolvenzverwaltung in parallelen Verfahren, ZZPInt 1 (1996), 269

Goode, Roy Security in Cross-Border Transactions, 33 Texas International Law Journal 47 (1998)

Gottwald, Peter (Hrsg.) Insolvenzrechts-Handbuch, München 1990

ders. Nachtrag "Gesamtvollstreckungsordnung" zum Insolvenzrechts-Handbuch, München 1993

Gottwald, Peter Grenzüberschreitende Insolvenzen, München 1997

ders. Internationales Insolvenzrecht, in: 50 Jahre Bundesgerichtshof, Festgabe aus der Wissenschaft, Band III, Zivilprozeß, Insolvenz, Öffentliches Recht, Hrsg.: Karsten Schmidt, München 2000, S. 819-836

Graham-Siegenthaler, Barbara Entwicklung der Konkursprivilegien gemäss Art. 219 SchKG, SZW/RSDA 2000, 11

Haarmeyer, Hans Nachrichten und Notizen aus der Praxis der Insolvenzordnung, ZInsO 1999, 403

Haarmeyer, Hans, Wutzke, Wolfgang, Förster, Karsten Handbuch zur Insolvenzordnung, InsO/EGInsO, 2. A., München 1998

Habscheid, Edgar Antrags- und Beteiligungsrecht im gesonderten (Art. 102 III EGInsO) und im sekundären Insolvenzverfahren (Art. 27 ff. EuInsÜ), NZI 1999, 299

ders. Grenzüberschreitendes (internationales) Insolvenzrecht der Vereinigten Staaten von Amerika und der Bundesrepublik Deutschland, Berlin 1998

ders. Rechtsgestaltung im Insolvenzverfahren, - Zur dogmatischen Rechtfertigung des Universalitätsprinzips - , KTS 1999, 59

Habscheid, Walter Das neue schweizerische Internationale Konkursrecht, KTS 1989, 253

Häsemeyer, Ludwig Die Gleichbehandlung der Konkursgläubiger, KTS 1982, 507

ders. Insolvenzrecht, 2. A., Köln u.a. 1998

Hanisch, Hans Bemerkungen zur Geschichte des internationalen Insolvenzrechts, in: Festschrift für Franz Merz, Köln 1992, S. 159-176

ders. Das Recht grenzüberschreitender Insolvenzen: Auswirkungen im Immobiliensektor, ZIP 1992, 1125

ders. Die Wende im deutschen internationalen Insolvenzrecht, ZIP 1985, 1233

ders. Einheit oder Pluralität oder ein kombiniertes Modell beim grenzüberschreitenden Insolvenzverfahren, ZIP 1994, 1

ders. Stellungnahme zu der Frage, ob und gegebenenfalls in welcher Weise ein in seiner Wirkung territorial beschränktes Sonderinsolvenzverfahren über das Inlandsvermögen eines Schuldners vorzusehen ist, wenn dieser den Mittelpunkt seiner hauptsächlichen Interessen im Ausland hat, in: Materialien zum ausländischen und internationalen Privatrecht 40, Hrsg.: Hans Stoll, Tübingen 1997, S. 202-218 ders. — Wirkungen deutscher Insolvenzverfahren auf in der Schweiz befindliches Schuldnervermögen, - Bisheriges und neues internationales Insolvenzrecht der Schweiz -, JZ 1988, 737

Harmer, R.W. — UNCITRAL Model Law on Cross-Border Insolvency, IIR 1997, 145

Heidelberger Kommentar — Heidelberger Kommentar zur Insolvenzordnung, von Dieter Eickmann, Axel Flessner, Friedrich Irschlinger, Hans-Peter Kirchhof, Gerhart Kreft, Hans-Georg Landfermann, Wolfgang Marotzke, Heidelberg 1999

Heiderhoff, Bettina — Diskussionsbericht zum Europäischen Insolvenzübereinkommen, ZZP 1998, 351

Hess, Harald — Kommentar zur Insolvenzordnung mit EGInsO, Band 1 Insolvenzordnung, Heidelberg 1999

ders. — Kommentar zur Insolvenzordnung mit EGInsO, Band 2 InsVV und EGInsO, Heidelberg 1999

ders. — Kommentar zur Konkursordnung, 5. A., Neuwied u.a. 1995

ders. — Kommentar zur Konkursordnung, 6. A., Neuwied u.a. 1998

Heß, Burkhard — Die "Europäisierung" des internationalen Zivilprozessrechts durch den Amsterdamer Vertrag - Chancen und Gefahren, NJW 2000, 23

Heyers, Christian Bernhard — Das französische Internationale Insolvenzrecht unter Berücksichtigung des neuen Europäischen Konkursübereinkommens, Diss. Münster, 1997

Hintzen, Udo — Vollstreckung und Insolvenz: Ausgewählte Aspekte zur Vollstreckungsklausel, Pfändung von Arbeitseinkommen, Entscheidungszuständigkeiten, Zwangsversteigerung und Zwangsverwaltung, in: Kölner Schrift zur Insolvenzordnung, Das neue Insolvenzrecht in der Praxis, 2. A., Herne u.a. 2000, S. 1107-1135

Hiscock, Mary E., Sono, Kazuaki	Security Interests and Insolvency in Japan, RabelsZ 44 (1980), 757
Homann, Stefan	System der Anerkennung eines ausländischen Insolvenzverfahrens, KTS 2000, 343
Hübner, Ulrich, Constantinesco, Vlad	Einführung in das französische Recht, 3. A., München 1994
van Hüllen, Rupert	Die Hauptformen der Insolvenz von Kapitalgesellschaften in England und Wales, InVo 1999, 97
Hunkeler, Daniel	Das revidierte schweizerische "Nachlassverfahren" - der Insolvenzplan schweizerischen Rechts, ZInsO 2000, 369
Ibán, Iván C.	Einführung in das spanische Recht, Baden-Baden 1995
Jackson, Thomas	The Logic and Limits of Bankruptcy Law, Cambridge (Mass.), London 1986
Jaeger	Konkursordnung mit Einführungsgesetzen, 8. A., 2. Band, 2. Halbband (§§ 208-244), Bearbeiter: Weber, Friedrich, Jahr, Günther, Klug, Ulrich, Berlin, New York 1973
Jahn, Uwe (Hrsg.)	Insolvenzen in Europa, 3. A., Bonn 1998
Jayme, Erik, Kohler, Christian	Europäisches Kollisionsrecht 1996, Anpassung und Transformation der nationalen Rechte, IPRax 1996, 377
dies.	Europäisches Kollisionsrecht 1999, Die Abendstunde der Staatsverträge, IPRax 1999, 401
Johnson, Gordon	The European Union Convention on Insolvency Proceedings: A Critique of the Convention's Corporate Rescue Paradigm, IIR 1996, 80
Junker, Abbo	Internationales Arbeitsrecht im Konzern, Tübingen 1992

Kalomiris, A. Verlängerter Eigentumsvorbehalt, Ersatzaussonderung des Weiterverkaufspreises, Sicherungs(global)zession und ihre Kollision im deutsch-französischen Warenverkehr, insbesondere im Konkurs des Käufers, Diss. München, 1992

Kayser, Nicki A Study of the European Convention on Insolvency Proceedings, IIR 1998, 95

Kegel, Gerhard (Hrsg.) Vorschläge und Gutachten zum Entwurf eines EG-Konkursübereinkommens, Materialien zum ausländischen und internationalen Privatrecht 32, Tübingen 1988

Kegel, Gerhard Internationales Privatrecht, 7. A., München 1995

Keller, Christoph Die EG-Richtlinie 98/26 vom 19.5.1998 über die Wirksamkeit von Abrechnungen in Zahlungs- sowie Wertpapierliefer- und -abrechnungssystemen und ihre Umsetzung in Deutschland, WM 2000, 1269

King, Lawrence P. Collier on Bankruptcy, Vol. 2, Bankruptcy Code §§ 101-307, 15th ed., New York, San Francisco 1998

Kitagawa, Zentaro, Pilny, Karl H. Verträge, Haftung und Kreditsicherheiten, in: Japanisches Handels- und Wirtschaftsrecht, Hrsg.: Baum, Drobnig, Berlin New York 1994, § 8, S. 299-360

Köndgen, Johannes Grenzüberschreitende Insolvenzen im Spannungsfeld von Territorialität und Ubiquität des Rechts, in: Jahrbuch für Neue Politische Ökonomie, Hrsg.: Karl-Ernst Schenk, Dieter Schmidtchen, Manfred E. Streit, Viktor Vanberg, 18. Band, Globalisierung und Rechtsordnung: Zur Neuen Instititionenökonomik internationaler Transaktionen, Tübingen 1999, S. 52-80

Kropholler, Jan Internationales Privatrecht, 3. A., Tübingen 1997

Kübler, Bruno M., Prütting, Hanns (Hrsg.) InsO, Kommentar zur Insolvenzordnung, Köln, Stand: November 2000

Kuhn, Georg, Uhlenbruck, Wilhelm — Konkursordnung, Kommentar, 11. A., München 1994

Graf Lambsdorff, Otto — Wirtschaftspolitische Aspekte einer Insolvenzrechtsreform, ZIP 1987, 809

Lau, Emil — Zur Änderung der Rechtsprechung des Bundesgerichtshofs über die Wirkung des Auslandskonkurses im Inland, BB 1986, 1450

Leipold, Dieter — Miniatur oder Bagatelle: das internationale Insolvenzrecht im deutschen Reformwerk 1994, in: Festschrift für Wolfram Henckel, Berlin/New York 1995, S. 533-548

ders. — Zum künftigen Weg des deutschen internationalen Insolvenzrechts (Anwendungsbereich, internationale Zuständigkeit, Anerkennung und Vollstreckung), in: Materialien zum ausländischen und internationalen Privatrecht 40, Hrsg.: Hans Stoll, Tübingen 1997, S. 185-201

Lüderitz, Alexander — Anmerkung zu BGH vom 11.7.1985, JZ 1986, 96

Lüer, Hans-Jochem — Art. 102 Abs. 3 EGInsO - eine verpaßte Chance, in: Insolvenzrecht in Wissenschaft und Praxis: Festschrift für Wilhelm Uhlenbruck zum 70. Geburtstag, Hrsg.: Hanns Prütting, Heinz Vallender, Köln 2000, S. 843-868

ders. — Deutsches Internationales Insolvenzrecht nach der neuen Insolvenzordnung, in: Kölner Schrift zur Insolvenzordnung, 2. A., Herne/Berlin 2000, S. 297-322

Lüke, Wolfgang — Das europäische internationale Insolvenzrecht, ZZP 1998, 275

ders. — Europäisches Zivilverfahrensrecht - das Problem der Abstimmung zwischen EuInsÜ und EuGVÜ, in: Wege zur Globalisierung des Rechts, Festschrift für Rolf A. Schütze zum 65. Geburtstag, Hrsg.: Reinhold Geimer, München 1999, S. 467-483

ders.	Zur neueren Entwicklung im deutschen internationalen Konkursrecht, KTS 1986, 1
Lwowski, Hans-Jürgen, Tetzlaff, Christian	Verwertung unbeweglicher Gegenstände im Insolvenzverfahren - Ausgewählte Rechtsfragen zur Verwertung von Grundpfandrechten und Zubehör in der Insolvenz -, WM 1999, 2336
Mankowski, Peter	Kurzkommentar, LG Stuttgart EWiR Art. 102 EGInsO 1/2000, 523
Markus, Alexander	Das neue UNCITRAL-Modellgesetz betreffend grenzüberschreitende Insolvenz, SZW/RSDA 1998, 15
Matsushita, Junichi	On Current International Insolvency Law in Japan, IIR 1997, 210
ders.	Present and Future Status of Japanese International Insolvency Law, 33 Texas International Law Journal 71 (1998)
Mayer, Pierre	Droit internationale privé, 5. A., Paris 1994
Mentzel, Franz Kuhn, Georg	Kommentar zur Konkursordnung, 7. A., Berlin, Frankfurt/M., 1962
Metzger, Ingrid	Die Umsetzung des Istanbuler Konkursübereinkommens in das neue deutsche Internationale Insolvenzrecht, Diss. Freiburg i. Br., Pfaffenweiler 1994
Modigliani, Franco, Miller, Merton H.	The Cost of Capital, Corporation Finance and the Theory of Investment, 48 The American Economic Review 261 (1958)
Mohrbutter, Harro	Handbuch der Insolvenzverwaltung, 7. A., Köln u.a. 1997
Moltrecht, Eckhardt	Inlandsfolgen des ausländischen Konkursverfahrens, Zugleich eine Besprechung des BGH-Urteils vom 11.7.1985, RIW 1985 S. 729, RIW 1986, 93

Morris, Christopher, Kirschner, Marc — Cross-border rescues and asset recovery - problems and solutions, Tolley's Insolvency Law & Practice 1994, 42

Münchener Kommentar — Münchener Kommentar zum Bürgerlichen Gesetzbuch, Hrsg.: Kurt Rebmann, Franz Jürgen Säcker, Roland Rixecker, Band 10, Einführungsgesetz zum Bürgerlichen Gesetzbuche (Art. 1-38), Internationales Privatrecht, Redakteur: Hans-Jürgen Sonnenberger, 3. Auflage, München 1998

Nerlich, Jörg, Römermann, Volker (Hrsg.) — Insolvenzordnung (InsO), Kommentar, München, Stand: November 2000

North, P.M., Fawcell, J.J. — Cheshire and North's Private International Law, 12. A., London 1992

Nussbaum, Werner — Das schweizerische internationale Insolvenzrecht gemäss dem Bundesgesetz vom 18. Dezember 1987 über das internationale Privatrecht und sein Umfeld in Europa, Zürich 1989

NZI-Arbeitshilfen — EG-Verordnung über Insolvenzverfahren, NZI 2000, 407

NZI-Mitteilungen — EG-Verordnung über Insolvenzverfahren erlassen, NZI aktuell, NZI 8/2000, S. VI

NZI-Mitteilungen — Entwurf einer Ratsverordnung über Insolvenzverfahren, NZI 2000, 69

NZI-Mitteilungen — EP-Rechtsausschuß verabschiedet Malangré-Bericht, NZI 1999, 264

NZI-Mitteilungen — Initiative für eine Ratsverordnung über Insolvenzverfahren, NZI 1999, 399

Obermüller, Manfred — Insolvenzrecht in der Bankpraxis, 5. A., Köln 1997

Obermüller, Manfred, Hess, Harald — InsO, Eine systematische Darstellung des neuen Insolvenzrechts, 3. A., Heidelberg 1999

Olbing, Klaus — Die Stellung der Gläubiger im Konkursverfahren, Diss. Bonn, Bonn 1993

Paulus, Christoph — Der Internationale Währungsfonds und das internationale Insolvenzrecht, IPRax 1999, 148

ders. — Kurzkommentar, EuGH EWiR Art. 31 EuGVÜ 1/99, 951

ders. — "Protokolle" - ein anderer Zugang zur Abwicklung grenzüberschreitender Insolvenzen, ZIP 1998, 977

ders. — Verbindlungslinien des modernen Insolvenzrechts, ZIP 2000, 2189

Perker, Susanne — Das Reorganisationsverfahren im englischen Insolvenzrecht im Vergleich zur geplanten deutschen Insolvenzordnung, Diss. Münster, München 1994

Potthast, Klaus-P. — Probleme eines Europäischen Konkursübereinkommens, Diss. Regensburg, Frankfurt/Main 1995

Prager, Tis, Lebrecht, André E — Corporate Insolvency Law in Switzerland, in: European Corporate Insolvency, A Practical Guide, Edited by: Harry Rajak, Peter Horrocks, Joe Bannister, 2. ed., Chichester u.a. 1995, S. 659-722

Prior, Michael — The UNCITRAL Model Law on cross-border insolvency, Tolley´s Insolvency Law & Practice 1998, 215

Prütting, Hanns — Aktuelle Entwicklungen des internationalen Insolvenzrechts, ZIP 1996, 1277

Rajak, Harry — European Cross Border Insolvency Developments, in: European Corporate Insolvency, A Practical Guide, Edited by: Harry Rajak, Peter Horrocks, Joe Bannister, 2. ed., Chichester u.a. 1995, S. 1-20

Rasmussen, Robert K. — A New Approach To Transnational Insolvencies, 19 Michigan Journal of International Law 1 (1997)

Rauls, Henning — Das Reorganisationsverfahren der USA gemäß Chapter 11 BC im Deutschen Internationalen Privatrecht, Diss. Göttingen, Göttingen 1993

Reinhart, Stefan — Sanierungsverfahren im internationalen Insolvenzrecht, Diss. Frankfurt/Main, Berlin 1995

Riesenfeld, Stefan — Das neue Gesicht des deutschen Internationalen Konkursrechts aus ausländischer Sicht, in: Festschrift für Franz Merz, Hrsg: Walter Gerhardt, Wolfram Henckel, Joachim Kilger, Gerhart Kreft, Köln 1992, S. 497-513

ders. — Probleme des Internationalen Insolvenzrechts aus Sicht des neuen Konkursreformgesetzes der Vereinigten Staaten, in: Probleme des internationalen Insolvenzrechts, Verhandlungen der Fachgruppe für vergleichendes Handels- und Wirtschaftsrecht 1981, Hrsg: v. Bieberstein u.a., Frankfurt/Main 1982, S. 39-49

von Schiller, Manfred — Zahlungseinstellung und Konkurs, in: Aktuelles spanisches Handels- und Wirtschaftsrecht, Hrsg.: Löber, Peuster, Frankfurt/Main u.a. 1991, S. 531-550

Schmidt, Karsten, Uhlenbruck, Wilhelm (Hrsg.) — Die GmbH in Krise, Sanierung und Insolvenz, 2. A., Köln 1999

Schollmeyer, E. — Partikularinsolvenzverfahren am Ort der Belegenheit von Massebestandteilen?, IPRax 1995, 150

Schulz, Martina — Der Eigentumsvorbehalt in europäischen Rechtsordnungen, Diss. Gießen, Frankfurt/Main 1998

Scoles, Eugene F., Hay, Peter — Conflict of Laws, 2nd ed., St. Paul/Minn. 1992

Seeliger, Gerd — Konkursfestigkeit dinglicher Mobiliarsicherheiten im deutsch-französischen Warenverkehr, Frankfurt/Main u.a. 1985

de Sevelinges, Karl Hepp — Der gütliche Vergleich (reglement amiable) zur Abwendung des Konkursverfahrens in Frankreich, NZG 1998, 208

Siehr, Kurt	Grundfragen des internationalen Konkursrechts, SJZ 95 (1999), 85
Smid, Stefan (Hrsg.)	Insolvenzordnung (InsO) mit Insolvenzrechtlicher Vergütungsverordnung (InsVV), Kommentar, Stuttgart u.a. 1999
Smid, Stefan	Das Deutsche Internationale Insolvenzrecht und das Europäische Insolvenz-Übereinkommen, DZWir 1998, 432
ders.	Grundzüge des neuen Insolvenzrechts, 3. A., München 1999
Sonnenberger, Hans-Jürgen	Anmerkung zu Cour de Cassation, 7.1.1964, FamRZ 1965, 46
Soriano, Miguel V.	The interaction between national law and Europeen integration law: The future EC Bankruptcy Convention, mit deutscher Zusammenfassung und Diskussion, in: Europäischer Binnenmarkt, Internationales Privatrecht und Rechtsangleichung, Beiträge und Diskussion des Symposiums 1994 in Heidelberg, Hrsg.: Hommelhoff, Jayme, Mangold, Heidelberg 1995, S. 51-78
Spahlinger, Andreas	Sekundäre Insolvenzverfahren bei grenzüberschreitenden Insolvenzen, Eine vergleichende Untersuchung zum deutschen, US-amerikanischen, schweizerischen und europäischen Recht, Diss. Tübingen, Tübingen 1998
Städtler, Jörg	Grundpfandrechte in der Insolvenz, Eine rechtsvergleichende Untersuchung der Effektivität von Grundpfandrechten in der Insolvenz des Schuldners in Deutschland und Frankreich, Diss. Freiburg/Br., Tübingen 1998
Staehelin, Daniel	Das revidierte Schuldbetreibungs- und Konkursgesetz der Schweiz, RIW 1997, 95
Staudinger	J. von Staudingers Kommentar zum Bürgerlichen Gesetzbuch mit Einführungsgesetz und Nebengesetzen, EGBGB/IPR, Internationales Sachenrecht, 13. Bearbeitung, Redaktor: Jan Kropholler, Bearbeiter: Hans Stoll, Berlin 1996

Stöber, Kurt — Aufhebung der angeordneten Einstellung der Zwangsversteigerung, NZI 1999, 439

ders. — Insolvenzverfahren und Vollstreckungs-Zwangsversteigerung, NZI 1998, 105

Stoll, Hans (Hrsg.) — Stellungnahmen und Gutachten zur Reform des Deutschen Internationalen Insolvenzrechts, Materialien zum ausländischen und internationalen Privatrecht 35, Tübingen 1992

ders. — Vorschläge und Gutachten zur Umsetzung des EU-Übereinkommens über Insolvenzverfahren im deutschen Recht, Materialien zum ausländischen und internationalen Privatrecht 40, Tübingen 1997

Strub, Andreas — Das Europäische Konkursübereinkommen, EuZW 1996, 71

ders. — Insolvenzverfahren im Binnenmarkt, EuZW 1994, 424

Sugishita, Toshiro — Der Eigentumsvorbehalt im japanischen Recht, Heidelberg 1988

Sullivan, Teresa A., Warren, Elizabeth, Westbrook, Jay Lawrence — The Use of Empirical Data in Formulating Bankruptcy Policy, 50 Law and Contemporary Problems 195 (1987)

Summ, Cornelia — Anerkennung ausländischer Konkurse in der Bundesrepublik Deutschland, Diss. Mainz, Berlin 1992

Taniguchi, Yasuhei — Streitverfahren; Vollstreckungs- und Insolvenzverfahren; internationales Verfahrensrecht, in: Japanisches Handels- und Wirtschaftsrecht, Hrsg.: Baum, Drobnig, Berlin New York 1994, § 13, S. 641-689

Tarko, Ihor — Ein Europäischer Justizraum: Errungenschaften auf dem Gebiet der justitiellen Zusammenarbeit in Zivilsachen, ÖstJZ 1999, 401

Taupitz, Jochen — Das (zukünftige) europäische Internationale Insolvenzrecht - insbesondere aus internationalprivatrechtlicher Sicht -, ZZP 1998, 315

Thieme, Jürgen — Der Entwurf eines Konkursübereinkommens der EG-Staaten von 1980, RabelZ 1981, 459

ders. — Der revidierte Entwurf eines EG-Konkusübereinkommens von 1984, Allgemeine Stellungnahme zu den Vorschlägen zweiter Lesung der Arbeitsgruppe beim Rat der EG, in: Vorschläge und Gutachten zum Entwurf eines EG-Konkursübereinkommens, Materialien zum ausländischen und internationalen Privatrecht 32, Vorgelegt von Gerhard Kegel, Tübingen 1988, S. 465-490

ders. — Grundsätze des EG-Konkursübereinkommens, Allgemeine Stellungnahme zum Entwurf von 1980, in: Vorschläge und Gutachten zum Entwurf eines EG-Konkursübereinkommens, Materialien zum ausländischen und internationalen Privatrecht 32, Vorgelegt von Gerhard Kegel, Tübingen 1988, S. 213-297

ders. — Inlandsvollstreckung und Auslandskonkurs, Zur Auslegung des § 237 KO, RabelsZ 37 (1973), 682

ders. — Partikularkonkurs, Stellungnahme zu den Artt. 1 II, 2,9, 10, 11 I, 15 I, 16 I, 20, 21 Satz 2, 26-34 des Vorentwurfs zur Neuordnung des Internationalen Insolvenzrechts von 1989, in: Stellungnahmen und Gutachten zur Reform des deutschen Internationalen Insolvenzrechts, Materialien zum ausländischen und internationalen Privatrecht 35, Hrsg.: Hans Stoll, Tübingen 1992, S. 212-264

Thomas, Heinz, Putzo, Hans — Zivilprozessordnung, Kommentar, 22. A., München 1999

Trautman, Donald, Westbrook, Jay L., Gaillard, Emmanuel — Four Models for International Bankruptcy, The American Journal of Comperative Law 41 (1993), 573

Trunk, Alexander Internationales Insolvenzrecht, Systematische Darstellung des deutschen Rechts mit rechtsvergleichenden Bezügen, Tübingen 1998

ders. Regelungsschwerpunkte eines Ausführungsgesetzes zum Europäischen Insolvenzübereinkommen, in: Materialien zum ausländischen und internationalen Privatrecht 40, Hrsg.: Hans Stoll, Tübingen 1997, S. 232-250

ders. Zur bevorstehenden Neuregelung des deutschen Internationalen Insolvenzrechts, KTS 1994, 33

Uhlenbruck, Wilhelm Kompetenzverteilung und Entscheidungsbefugnisse im neuen Insolvenzverfahren, WM 1999, 1197

Vach, Michael Aspekte der Insolvenzrechtsreform von 1986 in England, Diss. Regensburg, Frankfurt/Main 1991

Virgos, Miguel, Schmit, Etienne Erläuternder Bericht zu dem EU-Übereinkommen über Insolvenzverfahren, in: Vorschläge und Gutachten zur Umsetzung des EU-Übereinkommens über Insolvenzverfahren im deutschen Recht, Materialien zum ausländischen und internationalen Privatrecht 40, Hrsg.: Hans Stoll, Tübingen 1997, S. 32-134.

Warren, Elizabeth Bankruptcy Policy, 54 The University of Chicago Law Review, 775 (1987)

Warren, Elizabeth, Westbrook, Jay Lawrence Financial Characteristics of Businesses in Bankruptcy, 73 American Bankruptcy Law Journal 499 (1999)

Weinbörner, Udo Das neue Insolvenzrecht mit EU-Übereinkommen, Freiburg i. Br. 1997

ders. Die neue InsO und das EU-Übereinkommen über Insolvenzverfahren, Rpfleger 1996, 494

Wenzel, Frank Die Rechtsstellung des Grundpfandrechtsgläubigers im Insolvenzverfahren, NZI 1999, 101

Wiesbauer, Bruno Der österreichisch-deutsche Konkursvertrag aus österreichischer Sicht, ZIP 1982, 1285

v. Wilmowsky, Peter Aufrechnung in internationalen Insolvenzfällen, - Das Kollisionsrecht der Insolvenzaufrechnung -, KTS 1998, 343

ders. Europäisches Kreditsicherungsrecht, Sachenrecht und Insolvenzrecht unter dem EG-Vertrag, Beiträge zum ausländischen und internationalen Privatrecht 60, Tübingen 1996

ders. Internationales Insolvenzrecht, Plädoyer für eine Neuorientierung, WM 1997, 1461

ders. Sicherungsrechte im Europäischen Insolvenzübereinkommen, EWS 1997, 295

Wimmer, Klaus Die Besonderheiten von Sekundärinsolvenzverfahren unter besonderer Berücksichtigung des Europäischen Insolvenzübereinkommens, ZIP 1998, 982

ders. Die UNCITRAL-Modellbestimmungen über grenzüberschreitende Insolvenzverfahren, ZIP 1997, 2220

ders. Vorüberlegungen zur Umsetzung des Europäischen Insolvenzübereinkommens und zum deutschen internationalen Insolvenzrecht, in: Vorschläge und Gutachten zur Umsetzung des EU-Übereinkommens über Insolvenzverfahren im deutschen Recht, Materialien zum ausländischen und internationalen Privatrecht 40, Hrsg.: Hans Stoll, Tübingen 1997, S. 179-182.

Witz, Claude, Zierau, Britta Französisches internationales Konkursrecht - Neue Tendenzen und Entwicklungen in der Rechtsprechung der Cour de Cassation, RIW 1989, 929

Wochner, Manfred Staatsverträge deutscher Länder mit der Schweiz, KTS 1977, 201

Wolf, Christian Ulrich	Erlöschen von Kreditsicherheiten Dritter nach US-amerikanischem Insolvenzrecht und Wirkungsanerkennung im Inland (zu OLG Nürnberg, 9.12.1998 - 12 U 2626/98), IPRax 1999, 444
Wood, Philip R.	Principles of International Insolvency, London 1995
ders.	Principles of International Insolvency (Part I), IIR 1995, 94
ders.	Principles of International Insolvency (Part II), IIR 1995, 109
Wunderer, Regina	Auswirkungen des Europäischen Übereinkommens über Insolvenzverfahren auf Bankgeschäfte, WM 1998, 793
Yamamoto, Katsumi	Japanisches internationales Insolvenzrecht, in: Herausforderungen des Internationalen Zivilverfahrensrechts, Hrsg: Andreas Heldrich, Toshiyuki Kono, Tübingen 1994, S. 137-162
Zeller, Friedrich Stöber, Kurt	Zwangsversteigerungsgesetz, Kommentar, 16. A., München 1999
Zierau, Britta	Die Stellung der Gläubiger im französischen Sanierungsverfahren im Hinblick auf die Entwicklung des deutschen Insolvenzrechts, Diss. Frankfurt/Main, Heidelberg 1991
ZInsO-Dokumentation	Europäisches Übereinkommen über Insolvenzverfahren, ZInsO 1999, 222
ZInsO-Dokumentation	EG-Verordnung über Insolvenzverfahren, doku07-02 (nicht veröffentlicht)
ZIP-aktuell	EU-Verordnungsentwurf für grenzüberschreitende Insolvenzverfahren, 42/99, Nr. 235 A84
ZIP-aktuell	JI-Rat: Grundsätzliche Einigung über Verordnungsentwurf zum EU-Insolvenzrecht, 49/99, Nr. 269 A 98
ZIP-Dokumentation	Abwicklung einer grenzüberschreitenden Insolvenz nach Vereinbarung ("Nakash-Protocol"), ZIP 1998, 1013

ZIP-Dokumentation	Bericht Lemontey zum Entwurf eines EG-Konkursabkommens, ZIP 1981, 547
ZIP-Dokumentation	Entwurf eines EG-Konkursabkommens, Teil 1, ZIP 1980, 582
ZIP-Dokumentation	Entwurf eines EG-Konkursabkommens, Teil 2, ZIP 1980, 811
ZIP-Dokumentation	Entwurf eines EG-Konkursübereinkommens, ZIP 1992, 1197
ZIP-Dokumentation	Europäisches Übereinkommen über Insolvenzverfahren, ZIP 1996, 976

FAZ	Besserer Gläubigerschutz, 7.12.1999
FAZ	Engere Kooperation der Justizbehörden, 3.12.1999
FAZ	Großbritannien plant neues Insolvenzrecht, 18.6.1999
Handelsblatt	EU-Insolvenzrecht nimmt weitere Hürde, 3./4.3.2000
Handelsblatt	EU-Insolvenzrecht steht, 3./4.12.1999
Handelsblatt	London und Madrid einigen sich über Gibraltar, 20.4.2000

FSC
www.fsc.org
MIX
Papier | Fördert
gute Waldnutzung
FSC® C083411

Kolibri 360 GmbH
Ferdinand-Jühlke-Straße 7
99095 Erfurt, Deutschland
produktsicherheit@kolibri360.de

Druck:
CPI Druckdienstleistungen GmbH
im Auftrag der
Kolibri 360 GmbH
Ferdinand-Jühlke-Str. 7
99095 Erfurt